성경속의 보물찾기

쉽고 재밌고 새로운

성경속의 보물찾기

2016년 6월 1일 1판 1쇄 발행

지은이 ㅣ 신승한
홍 보 ㅣ 강석원
펴낸이 ㅣ 임정훈
디자인 ㅣ 참디자인(02-3216-1085)
인 쇄 ㅣ 예원프린팅(031-902-6550)
제 본 ㅣ 정성문화사(031-906-0616)
펴낸곳 ㅣ 다윗의열쇠
등 록 ㅣ 제 2011-20호(2011.9.20)

주 소 ㅣ 서울 동대문구 제기동 823 렉스빌 301호
이메일 ㅣ keyofdavid@hanmail.net
전 화 ㅣ 070)7329-8115
팩 스 ㅣ 02)6918-4153

책 값 ㅣ 12,000원
ISBN ㅣ 979-11-87404-02-6 (03230)

이 도서의 국립중앙도서관 출판예정도서목록(CIP)은
서지정보유통지원시스템 홈페이지(http://seoji.nl.go.kr)와
국가자료공동목록시스템(http://www.nl.go.kr/ kolisnet)에서
이용하실 수 있습니다.(CIP제어번호: CIP2016009737)

새로운 판단과 해석 성경속의 보물찾기

다윗의열쇠

목차

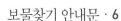

보물찾기 안내문

한 번 보고 두 번 보고 자꾸만 보고 싶네

아름다운 그 모습을 자꾸만 보고 싶네

그 누구나 한 번 보면 자꾸만 보고 싶네

그 누구의 여인인가 정말로 궁금하네

모두 사랑하네 나도 사랑하네(중략)

나도 몰래 그 여인을 자꾸만 보고 싶네

그 누구도 넋을 잃고 자꾸만 보고 있네(중략)

위의 글을 읽으시고 이게 무슨 소린가 하셨나요? 대중가요 '미인'
이라는 가사입니다. 이 노래는 신중현과 엽전들이라는 밴드의 1집
으로 1974년에 발표되었습니다. 이 노래로 신중현은 공전의 히트를
기록하며 한국 락(rock)의 기대주로 떠오르게 되지만 사회적 격동기
인 유신시절에 금지곡이 되는 불운을 맞기도 합니다.

성경이 그렇습니다. 성령이 충만하면 한 번 보고 두 번 보고 자꾸
만 보고 싶어지고, 예수님이 무엇을 말씀하셨는지 궁금해지고, 아무

리 핍박을 해도 몰래 숨어서도 보고, 그 누구도 넋을 잃고 자꾸만 보고 싶은 게 하나님의 말씀인 성경입니다.

그런데 현실은 사뭇 다릅니다. 교회에 잘 다니는 웬만한 사람이라도 성경만 보면 수면제가 따로 없고, 그림 한 장 없는 1,754쪽의 신구약 성경의 적지 않은 분량은 보는 이로 하여금 기가 질리게 만들어 버립니다.

웬만한 신앙심으로는 1년에 1번 읽기도 벅차서, 교회에서는 온갖 수단 방법을 동원해서, 상을 준다고 꼬시고(?), 성경 읽기표를 내주고 체크해 오라고 닦달해야 겨우 따라 오는게 일상다반사입니다.

그런데다가 읽으면 읽을수록 뭘 좀 깨닫고 알면 좋겠는데, 이건 뭐 아무리 읽어도 그게 그거 같고 뭔 소리를 하는지 헷갈릴 때가 더 많아지는 것 같습니다. 도무지 읽을 흥미를 못 느끼게 한다고 하면 신앙심이 약해서라고 할까봐 말도 못하고 벙어리 냉가슴 앓는 듯하던 경험이 저도 수없이 있습니다.

목회자인 저도 한 평생을 살아오면서 성경을 보고, 듣고, 읽고, 연구하고, 설교하고, 강의했지만 아직도 성경은 어렵고, 한편으로는 신선하고도 새롭습니다.

그런 의미에서 성경은 보면 볼수록 퍼내도 퍼내도 마르지 않는 샘물과 같고, 찾으면 찾을수록 신기하고 놀라운 진리들이 발견되는 보물찾기와도 같습니다.

그렇게 밭에 감추인 보화를 찾듯이 하나하나 찾아내고 발견한 진리들을 굴비를 엮듯이 모아서 좀 더 쉽게, 보다 더 새롭고 재미있게 정리한 것들을 함께 나누려고 합니다.

그리고 함께 질문에 답하시기도 하고, 가끔은 문제를 푸시느라고 고민도 하시면서 읽어 나가시다 보면 '아하 이 말씀에는 이런 뜻도 있었구나!' 하실 겁니다. 다 알고 있는 성경말씀이었지만 예전엔 미처 생각하지 못했던 부분들에 공감하신다면 마음에 주님 주시는 풍성함이 더 해지는 것을 느끼실 것입니다.

하나님께서는 어느 누구에게나 진리의 말씀을 깨닫는 은혜를 주셨다고 믿습니다. 성경 말씀을 판단하려는 완악한 마음을 버리고, 마음을 열고 하나님의 말씀을 대하면 반드시 성령님께서 우리를 진리 가운데로 인도하시리라고 믿습니다(요 16:13).

오늘도 말씀의 풍성한 은혜가 넘쳐나서 성령 충만함으로 깨달은 대로 봉사하고 전도하면서 성숙한 제자의 삶을 사시기를 원합니다.

2016년 6월 1일 수요일
봄 바람에 아카시아 향기 날리는 남한산성 산자락에서
신승한 목사 드림

보물찾기 도움말

이 책을 읽기 전에 먼저 읽어 보시면 도움이 되실 겁니다.

* 여기에 나오는 성경구절들은 개역한글판을 참고로 하였습니다.
* 보물찾기의 내용들은 설교문이나 주석이나 강해설교가 아닙니다.
  제가 이제까지 강의했거나 설교하면서 생각나는 내용들을 좀 더
  알기 쉽게, 새롭게 정리한 것입니다. 따라서 깊이 있는 본문의 해
  석이 없다고 아쉬워하시지는 마세요. 가벼운 마음으로 읽으시고
  "아하! 이 본문에 이런 뜻도 있었구나!" 하시고 넘어가시면 됩
  니다.
* 본문의 내용들이 약간의 문답식으로 되어있습니다. 편하신 대로
  질문에 답하시고 생각하시고 읽으시면 좋습니다.
* 혹시 읽으시다가 '이건 뭐지?' 라는 생각이 드시면 연락주세요. 성
  실하게 답해 드리겠습니다. 제 이메일 주소입니다. hanlife4u@
  hanmail.net

01

천년을 기다린 사랑

여호와께서 사람의 죄악이 세상에 관영함과 그 마음의 생각의 모든 계획이 항상 악할 뿐임을 보시고 땅위에 사람 지으셨음을 한탄하사 마음에 근심하시고 가라사대 나의 창조한 사람을 내가 지면에서 쓸어버리되 사람으로부터 육축과 기는 것과 공중의 새까지 그리하리니 이는 내가 그것을 지었음을 한탄함이니라 하시니라 그러나 노아는 여호와께 은혜를 입었더라 노아의 사적은 이러하니라 노아는 의인이요 당세에 완전한 자라 그가 하나님과 동행 하였으며(창 6:5-9).

천년을 기다린 사랑

하나님께서 참 많이 화가 나셨나 봅니다. 사람의 죄악이 세상에 너무도 많아서 세상에 사람 지으신 것까지 한탄하시고 마음에 근심하셔서 이제는 지면에서 쓸어버리고 싶다고 격하게 흥분하신 것을 볼 수 있습니다. 그 뿐만이 아닙니다. 오죽하시면 땅에 있는 육축과 공중의 새까지 다 멸하시겠다고 확고하게 단언하십니다.

그런데 단 한사람 노아만큼은 예외였습니다. 노아는 여호와께 은혜를 입었습니다. 왜 그렇죠? 본문에서 보시다시피 노아는 참 착한 사람이었습니다. 세상의 모든 사람들이 타락했어도 노아만큼은 하나님과 동행하며 경건한 의인으로서의 삶을 살았습니다. 그래서 노아를 통해서 방주를 만들게 하시고, 사람들에게 다시 한 번 더 구원의 기회를 주기로 했습니다.

갑자기 웬 홍수입니까?

자! 그럼 다음 문제를 풀어 보면서 노아 홍수에 대해 생각해 보기로 하겠습니다.

Q. 노아 홍수 심판은 아주 오래 전부터 예언된 심판이었나? 아니면 본문의 말씀처럼 노아 때 사람들이 너무도 악해서 내리신 것인가?

여러분의 생각은 어떻습니까? 다음 글들을 읽지 마시고 솔직하게 여러분의 생각을 한번 정리해 보세요. 갈등이 되시나요?

사실 노아홍수는 노아 때로부터 1,000년이라는 세월을 거슬러 올라가 노아의 증조할아버지 때로부터 시작되고 있습니다.

'아! 그런가요?' 하셨다면 여러분이 가지고 계셨던 고정관념이 상당히 크셨다고 볼 수 있습니다. 그럴 수 있죠. 이해가 됩니다. 노아 홍수에 대해 깊이 생각해 보시지 않으셨다면 당연한 일이라고 생각합니다.

그런데 노아의 증조할아버지는 누구냐고요? 에이 그것도 모르세요. 당연히 에녹이죠.

에녹은 우리가 잘 아는 대로 죽음을 보지 않고 하나님께서 데려간 사람으로 유명합니다. 그야 물론 에녹이 하나님과 동행하며 믿음으로 살았으니까 그랬겠죠. 그것이 창세기 5장 22-24절과 히브리서 11장 5절에 기록된 말씀입니다.

그런데 문제는 에녹에게 어떻게 그런 믿음이 생겼는가? 어떻게 하나님과 동행하는 삶이 되었는가? 하는 것입니다.

에녹은 예언자의 삶을 살았습니다. 신약 성경 유다서를 살펴보면 그것이 분명해집니다.

> 아담의 칠세 손 에녹이 사람들에게 대하여도 예언하여 이르되 보라 주께서 그 수만의 거룩한 자와 함께 임하셨나니 이는 뭇사람을 심판 하사 모든 경건치 않은 자의 경건치 않게 행한 모든 경건치 않은 일과 또 경건치 않은 죄인의 주께 거스려 한 모든 강퍅한 말을 인하여 저희 를 정죄하려 하심이라 하였느니라(유 1:14-15).

에녹이 예언자의 삶을 살았다는 것은 하나님의 말씀을 선포하며 살았다는 것인데 에녹은 '경건치 않게 사는 모든 사람에 대하여 하나님의 심판이 임한다. 그러므로 하나님을 믿고 하나님의 심판을 피하라'고 경고하고 있습니다.

심지어 에녹은 아들을 낳고도 하나님의 뜻을 잊어버리지 않기 위하여 그 이름을 므두셀라라고 지었습니다(창 5:21).

므두셀라의 이름의 뜻은 '창 던지는 사람' 즉 '마을을 지키는 사람'을 의미합니다. 다시 말해서 창을 던지는 이 사람이 죽으면 마을 사람들도 죽는 것을 의미합니다. 그리고 그 마을 사람들은 에녹 시대의 사람들과 그 후손들을 의미합니다.

그래서 에녹이 아들 므두셀라를 볼 때마다 하나님의 심판을 생각하게 되고, 더 나아가 사람들에게 예언을 하면서 하나님과 동행하는 경건한 삶을 살아가게 됩니다.

창세기 5장 29절에 보시면 라멕도 할아버지 에녹의 예언을 생각하면서 노아를 낳고 예언하기를 "여호와께서 땅을 저주하시므로 수고로이 일하는 우리를 이 아들이 안위하리라" 함으로 에녹의 예언을 확증하게 됩니다.

과연 그렇게 될까요?

그렇다면 에녹의 예언대로 과연 하나님의 심판이 이루어졌는가? 그렇다면 언제 이루어졌는가? 하나님의 예언의 말씀은 신실한가? 과연 므두셀라가 죽으면 하나님의 심판은 이루어지는가? 하는 것입니다.

그렇죠? 바로 므두셀라가 죽는 해에 하나님의 심판인 노아 홍수가 일어난다면 문제는 끝난 것입니다.

이 사실을 증명하기 위하여 우리 함께 수학 문제를 한 번 풀어보도록 하겠습니다.

Q. 노아 홍수는 노아가 몇 살이었을 때 일어났습니까? 므두셀라는
   몇 세에 죽었습니까?

   문제가 어려웠나요? 그 정도는 상식적으로 알고 있는 문제라고
요? 그렇다면 다행이네요. 정답을 한번 얘기해 볼까요?

   노아 홍수는 노아 600년에 일어났고, 므두셀라는 969세에 세상을
떠납니다. 이해를 돕기 위하여 다음의 도표를 한번 보시도록 하겠습
니다.

   * 증조할아버지(에녹) – 65세에 므두셀라 낳음

     – 365세에 승천함

   * 할아버지(므두셀라) – 187세에 라멕 낳음

     – 969세에 죽음

   * 아버지(라멕) – 182세에 노아 낳음

     – 777세에 죽음

   * 손자(노아) – 500세에 셈, 함, 야벳 낳음

     – 950세에 죽음

   * 노아 600세에 홍수가 남

   먼저 므두셀라의 나이부터 계산해 보도록 하겠습니다. 므두셀라
가 라멕을 낳은 나이가 187세 + 라멕이 노아를 낳은 나이 182세 =

369세입니다. 여기에 노아가 600세 되던 해에 노아 홍수가 일어나게 됩니다. 그래서 이 모두를 더하면 969년이 됩니다.

그렇게 에녹이 하나님의 말씀으로 예언한대로 므두셀라가 969세로 죽는 바로 그 해에 노아 홍수가 일어났던 것입니다.

이렇게 므두셀라가 죽은 969년은 노아 홍수가 일어난 해 즉 노아 600세 되던 해와 정확하게 일치하는 것을 볼 수 있습니다.

아직도 더 참으랴? 고 하십니다

하나님께서는 그렇게 노아 홍수의 심판을 금방 내리신 것이 아니었습니다. 창세기 5장에 아담의 계보가 나오고, 곧이어 창세기 6장에 노아 홍수에 대한 예기가 나오니까 아마 시차를 크게 느끼지 못하셨을 지도 모르겠습니다.

그러나 위에서 보신 바와 같이 하나님께서는 에녹에게 말씀하시고도 무려 969년 동안이나 사람들이 회개하고 돌아오기를 기다리고 계셨다는 것입니다.

그렇게 노아 홍수는 하나님께서 갑작스럽게 진노하셔서 일어난 사건이 아닙니다. 이미 1,000년 정도라는 길고 긴 시간 전에 에녹을 통하여 사람들에게 회개하라고 말씀하시고, 하루가 천년 같고 천년이 하루 같이 인내하시면서 기다리셨다가 참다 참다 할 수 없이 심판을 행하신 것이 바로 노아 홍수입니다.

지금도 하나님께서는 죄악의 땅에 사는 사람들을 향해서 사랑의 손을 펼치시며 어서 돌아오라고 애타게 기다리고 계십니다. 그렇게 끝없는 하나님의 사랑을 베드로 사도 역시 우리에게 전해주고 있습니다.

사랑하는 자들아 내가 이제 이 둘째 편지를 너희에게 쓰노니 이 둘로 너희 진실한 마음을 일깨워 생각하게 하여 곧 거룩한 선지자의 예언한 말씀과 주 되신 구주께서 너희의 사도들로 말미암아 명하신 것을 기억하게 하려 하노라 먼저 이것을 알찌니 말세에 기롱하는 자들이 와서 자기의 정욕을 좇아 행하며 기롱하여 가로되 주의 강림하신다는 약속이 어디 있느뇨 조상들이 잔 후로부터 만물이 처음 창조할 때와 같이 그냥 있다 하니 이는 하늘이 옛적부터 있는 것과 땅이 물에서 나와 물로 성립한 것도 하나님의 말씀으로 된 것을 저희가 부러 잊으려 함이로다 이로 말미암아 그때 세상은 물의 넘침으로 멸망하였으되 이제 하늘과 땅은 그 동일한 말씀으로 불사르기 위하여 간수하신바 되어 경건치 아니한 사람들의 심판과 멸망의 날까지 보존하여 두신 것이니라 사랑하는 자들아 주께는 하루가 천년 같고 천년이 하루 같은 이 한 가지를 잊지 말라 주의 약속은 어떤 이의 더디다고 생각하는 것 같이 더딘 것이 아니라 오직 너희를 대하여 오래 참으사 아무도 멸망치 않고 다 회개하기에 이르기를 원하시느니라(벧후 3:1–9).

하나님께서는 이렇게 큰 사랑을 베푸시고, 회개하고 돌아오기를 한량없이 기다리시는데, 그런데도 하나님의 말씀을 경솔히 여기고, 교만한 마음으로 고집을 부리는 사람들은 하나님의 심판의 예언을 듣고도 그저 그렇게 생각하고 농담으로 여기는 것입니다.

> 롯이 나가서 그 딸과 정혼한 사위들에게 고하여 이르되 여호와께서 이 성을 멸하실터이니 너희는 일어나 이 곳에서 떠나라 하되 그 사위들이 농담으로 여겼더라(창 19:14).

농담으로 여길게 따로 있지, 생명과 관계된 일인데 농담으로 여기다니 참으로 간이 커도 보통 큰 게 아니었나 봅니다. 그게 아니라 흔히 하는 말로 '간이 배 밖으로 나왔다'고 그러나요? 뭐 하여튼 하나님의 말씀을 농담으로 여긴 사람들은 얼마 지나지 않아 혹독한 대가를 치르게 됩니다.

> 롯이 소알에 들어갈 때에 해가 돋았더라 여호와께서 하늘 곧 여호와에게로서 유황과 불을 비 같이 소돔과 고모라에 내리사 그 성들과 온 들과 성에 거하는 모든 백성과 땅에 난 것을 다 엎어 멸하셨더라(창 19:23-25).

그렇게 하나님의 말씀을 농담 정도로 여겼다가는 큰 코 다칩니다.

아쉽다! 100세 인생

요새는 인간의 기대 수명이 길어지고 실제로 70이나 80세에도 건강하여 사회활동을 활발하게 이어가는 분들도 많이 볼 수 있습니다.

사실 저의 어머니도 올해 88세이신데 은퇴권사 되신지는 오래 되었지만 여전히 구역예배, 새벽예배에 하루도 빠지지 않고 다니시는 강건함을 보여주고 계십니다.

그래서 그런지 요즘 선풍적인 인기를 끌며 소위 말하는 뜨는 가요가 하나 있습니다. 얼마 전에 히트를 쳤던 오승근씨의 "내 나이가 어때서"를 이어서 바로 가수 이애란씨가 부른 "백세인생—못 간다고 전해라"입니다.

이 노래 때문에 이애란씨는 거의 25년간의 무명의 서러움을 끝내고 일약 스타로 떠오르게 됩니다. 그래서인지 "백세인생"은 경노당을 비롯한 노인잔치와 각종 어르신들의 행사에 대인기를 누리며, 최근 가장 잘 나가는 광고문구로도 활용되는 것을 심심찮게 보게 됩니다.

그러나 대부분의 사람들은 80정도 되시면 기력이 쇠하여 그다지 활발하게 사회활동을 못하시는 것이 일반적인 일입니다. 생각해보면 인생은 그렇게 길지 않다는 것을 새삼 느끼며 아쉬움이 묻어나는 것이 현실입니다.

우리 인생이 왜 그렇게 되었을까? 정말 건강하게 100세 넘도록 잘 사는게 꿈같은 일일까? 그 해답은 노아 홍수에 있습니다.

노아 홍수 이후로 사람들의 수명이 급격하게 줄어들었다는 사실입니다. 심지어 하나님께서 말씀하시기를 인간의 수명을 120년으로 한정하신 것입니다.

여호와께서 가라사대 나의 신이 영원히 사람과 함께 하지 아니하리니 이는 그들이 육체가 됨이라 그러나 그들의 날은 일백 이십년이 되리라 하시니라(창 6:3).

실제로 노아는 950세를 살고(창 9:29), 셈은 600세(창 11:11), 8대손 데라는 205세(창 11:32), 9대손 아브라함은 겨우 175세를 살고 세상을 떠납니다(창 25:7).

사람들이 하나님을 떠나 살며, 타락한 결과로 하나님께서 진노하셔서 노아 때 홍수를 통하여 인간을 심판하시고 그와 더불어 모든 자연 만물도 저주를 받아 파괴되어 버립니다. 이것은 인간이 당하는 두 번째 심판이라고 볼 수 있습니다.

첫 번째 심판은 아담이 죄를 범하였을 때 하나님께 책망을 받고, 그와 함께 땅도 저주를 받아 황폐하게 변해버리고, 더 나아가 에덴동산에서 쫓겨나게 된 것입니다.

아담에게 이르시되 네가 네 아내의 말을 듣고 내가 너더러 먹지 말라한 나무 실과를 먹었은즉 땅은 너로 인하여 저주를 받고 너는 종신토록 수고하여야 그 소산을 먹으리라(창 3:17).

이같이 하나님이 그 사람을 쫓아 내시고 에덴동산 동편에 그룹들과 두루 도는 화염검을 두어 생명나무의 길을 지키게 하시니라(창 3:24).

이제 세 번째 심판은 불의 심판이 될 것이라고 성경은 예언하고 있습니다(사 66:16, 벧후 3:7, 계 18:8). 사람들의 죄악이 넘쳐나면 하나님께서 화가 나셔서 물불을 가리시겠습니까? 더 늦기 전에 하나님의 뜻을 따르는 삶이 되어야 하지 않겠습니까?

이걸 보고도 못 믿습니까?

이제 심각한 얘기는 그만하고 머리도 식힐 겸 퀴즈를 하나 풀어보도록 하겠습니다.
준비되셨습니까? 자 그럼 퀴즈 나갑니다.

Q. 노아는 방주를 몇 년 동안 지었습니까?

자! 먼저 손드신 분 말씀해 보시기 바랍니다. 그렇죠. 100년입니다. 그런데 그걸 어떻게 아셨죠? 아하! 족보를 보면 금방 알 수 있다고요?

"우리를 무시하셔도 너무 무시하시네, 창세기를 몇 번이나 봤는지 셀 수도 없는데".

큭! 그렇죠. 매년마다 새해가 되면 창세기부터 성경읽기를 시작은 하는데 진도가 잘 안 나가죠? 저도 잘 압니다. 그래서 창세기는 많이 읽었으리라고 생각은 듭니다. 저도 그런 경험이 많거든요. 그럼 함께 보시죠.

창세기 6장 10절에 노아가 500세에 세 아들을 낳고, 14절에 곧 이어 하나님께서 노아에게 방주를 지으라고 명령하시는 것을 볼 수 있습니다. 그리고 홍수는 노아 600년에 일어나게 됩니다. 그러니 당연히 방주를 짓는데 100년이 걸린거죠.

그런데 가만히 생각해 보면 '무슨 배를 만드는데 그렇게나 오래 걸리지? 아무리 옛날 구석기 시대라도 그렇게 방주를 만드는게 어려웠던 거야?'라며 의구심을 가질 수도 있습니다만 그것은 인간을 향한 또 다른 하나님의 사랑과 계획하심이 있었던 것을 우리는 생각해 볼 수 있습니다.

한 가지 예를 들어 봅시다.

보통 부모님들이 아이들을 혼낼 때 바로 혼냅니까? 아니죠. 한두 번 말해보고 그래도 안 되면 달래도 보고, 경고도 하고, 겁도 주기도 합니다.

"너 그러면 엄마한테 혼나, 좋은 말 할 때 들어" 그러면서 일부러

겁주려고 느릿느릿하게 숫자를 세어 보기도 합니다. "하나아, 두~
우울, 세~에엣" 이렇게 말이죠.

바로 그겁니다. 그러니까 방주를 만드는데 걸린 100년이라는 시
간은 하나님께서 에녹을 통하여 심판을 예언하시고 1,000년 가까이
죄인들이 돌아오기를 기다리시는 가운데 인간에게 주시는 최후의
경고 시간이라고 생각해 볼 수 있습니다.

그렇게 인간의 죄악이 크고, 하나님께서 도저히 용납할 수 없을
정도로 인간들이 타락해서 심판하시겠다고 작정하시고도 곧 바로
심판하시지 않으시고, 심판과 구원의 상징으로 눈에 보이는 방주를
만들게 하심으로 경각심을 갖고 죄인들이 회개하고 돌아오기를 간
절히 바라시는 하나님의 사랑을 볼 수 있습니다.

일종의 시각효과로 방주를 만드는 시간을 100년 동안이나
길~~게 잡으셨던 것을 볼 수 있습니다. 그러나 하나님의 사랑은 거
기서 끝나지 않습니다.

한편으로는 방주를 만드는 노아를 한번 생각해 보시면 어떨까
요? 다음의 퀴즈를 풀면서 마무리를 했으면 좋겠습니다. 딱 3초간의
여유를 드리겠습니다.

Q. 노아는 방주를 만들면서 사람들에게 하나님의 심판을 전파했을
   까요? 안 했을까요?

잠시 마음에 갈등이 생기시나요? 한 것 같기도 하고, 안 한 것 같기도 하고 그렇습니까?

왜냐하면 이제까지는 별 갈등 없이 노아를 생각했는데 이제 와서 그런 것을 생각하려고 하니 헷갈릴 수도 있으시리라 생각합니다.

더욱이나 2014년 개봉한 영화 "노아"에서는 주인공 노아가 사람들이 구원 받기 위해 방주로 오는 것을 오히려 막는 장면이 나옵니다. 그런 것들을 보신 분이시라면 더 마음에 갈등이 심하실 수도 있습니다.

더구나 구약에서는 노아가 사람들에게 전도했다는 내용이 단 한 마디도 언급되어 있지 않기에 전도에 대해 더더욱 의구심을 품을 수밖에 없다고 생각합니다.

그렇게 사건은 미궁에 빠져 버릴 수도 있었습니다. 더구나 시간적으로도 수천 년이 지난 일이고 그 어떤 증거도 남아 있지 않기 때문이죠. 그러면 우리는 '하늘나라에나 가야 알게 되겠지'라고 체념해 버릴 뻔 했습니다.

그런데 창세기에서 시작된 사건이 성경의 제일 끝 부분 정도인 신약의 베드로후서 2장 5절에서 그 해결의 단서를 제공하고 있습니다.

> 옛 세상을 용서치 아니하시고 오직 의를 전파하는 노아와 그 일곱 식
> 구를 보존하시고 경건치 아니한 자들의 세상에 홍수를 내리셨으며

(벧후 2:5).

딱 한절 기록된 이 말씀으로 인하여 모든 의문이 풀렸습니다. '와우! 이렇게 놀라운 일이 있었구나, 아! 노아가 그랬구나!' 하시면서 이제 속이 시원하시죠?

그렇습니다. 노아가 방주를 만들 때 자기만 살려고 아무에게도 알리지 않고 몰래 100년 동안이나 그 큰 배를 만들었겠습니까? 어쩌다 사람들이 뭐하냐고 물어보면 멀리 유람가려고 배를 만든다고 했을까요?

그렇지 않죠. 당연히 방주를 만드는 목적을 말했겠죠. 회개하고 하나님께로 돌아오라고 말했을 것입니다.

증조할아버지 에녹이 그렇게 사람들에게 심판을 외치며 예언 했던 것들을 이제는 노아가 바통을 이어 받아 사람들에게 전도했다는 것입니다. 그것도 무려 100년 동안이나!

노아는 하나님의 명령에 순종하여 방주를 만들지만, 방주를 만드는 참된 목적은 사람들의 구원을 위한 것이었습니다. 그리고 무려 100년 동안이나 사람들을 향하여 구원의 방주 안으로 들어오라고 외쳤던 것입니다. 다만 완악한 사람들이 거부하여 순종하는 동물들만 들어간 것뿐이지요.

누가? 내가!

흔히 전도가 안 된다고 불평(?)하거나 낙심하는 사람들의 공통적인 특징은 뭔지 아세요? 그렇죠, 전도를 많이 안 해보고 전도가 어렵다, 전도가 안 된다고들 하는 겁니다.

전도를 하되 목숨 걸고 해 보세요. 왜 전도가 안 됩니까? 다만 정도에 차이는 있겠죠. 지금 당장 사람들이 전도되어 올 수도 있고, 나중에 올 수도 있지만 분명한 것은 전도의 열매가 나타난다는 것입니다.

조급해 하지 마시고 열매는 주님께 맡기세요. 하나님과 동행했던 사람으로서 100년 동안 전도했지만 단 7명밖에 전도하지 못한 사람도 있습니다. 우리는 그 사람의 전도를 실패했다고 하겠습니까?

그 사람이 누구입니까? 바로 오늘 우리가 마주 대하고 있는 노아라는 사람입니다. 어쩌면 오늘날 우리는 노아보다도 더 위대한 일들을 해내는 사람들을 수없이 많이 보고 있습니다.

여러분도 그 중에 한 사람일지도 모르겠습니다. 소망을 가지시고 전도 하세요. 한 사람을 위해서 100년을 기다리며, 기도하며, 사랑하며, 전도하겠다는 마음만 먹으면 전도가 됩니다. 여러분이 그렇게 100년 동안이나 애타게 전도할 사람이 있습니까?

지혜 있는 자는 궁창의 빛과 같이 빛날 것이요 많은 사람을 옳은 데로 돌아오게 한 자는 별과 같이 영원토록 비취리라(단 12:3).

저 하늘의 별과 같이 영원토록 빛나고 싶습니까?

진리를 갈망하고, 영원을 사모하며,

하나님 나라의 찬란한 빛을 가슴에 품고

한 자루 촛불이 되어

어두운 세상의 중심에 선 당신을 사람들이 기억할 때,

당신은 이미 하늘나라의 영원한 스타입니다.

02

거짓말도 유전이 됩니다

그 땅에 기근이 있으므로 아브람이 애굽에 우거하려 하여 그리로 내려갔으니 이는 그 땅에 기근이 심하였음이라. 그가 애굽에 가까이 이를 때에 그 아내 사래더러 말하되 나 알기에 그대는 아리따운 여인이라. 애굽 사람이 그대를 볼 때에 이르기를 이는 그의 아내라 하고 나는 죽이고 그대는 살리리니 원컨대 그대는 나의 누이라 하라 그리하면 내가 그대로 인하여 안전하고 내 목숨이 그대로 인하여 보존하겠노라 하니라(창 12:10-13).

거짓말도 유전이 됩니다

부전자전이라는 말이 있습니다. 이 말은 사전에서 찾아보면 명사와 하다형 자동사로 되어 있고요, 대대로 아버지가 아들(자식)에게 전함, 또는 말 그대로 자식은 부모를 닮는다는 뜻입니다.

김동인의 소설 "발가락이 닮았다"가 생각나는 일이 있었습니다. 제 둘째 아들이 장가를 가서 아들을 낳았습니다. 그런데 손자의 손을 보다가 깜짝 놀랐습니다. 왜냐고요? 아니 손자의 손금이 저하고 똑 같은 겁니다. 그동안 별 관심도 없다가 혹시나 해서 아들의 손금을 보니 그 애도 저하고 똑 같은 겁니다.

너무도 신기해서 삼대의 손을 펼쳐 놓고 사진 한방을 찰칵했죠. 손금이 뭐 그렇게 중요하겠습니까마는 다만 신기할 따름이죠. 삼대가 똑 같으니까요.

물론 저를 아들이 닮고, 아들을 손자가 닮는 것이 뭐 그리 대단하고 신기하겠습니까마는 그래도 어딘가 한 군데 나를 닮았다고 생각하니 '아 이게 한 핏줄이구나!' 하는 뭐 그런 미묘한 감정 같은 거 있잖아요. 그런게 느껴지더라고요.

그러면서도 한편으로는 기도하기를 제발 할아버지나 아버지의 좋은 점만 닮았으면 하고 기도하게 되는거 있죠. 욕심이라기보다 제가 하도 못나고, 못된 것이 많아서 그런 기도가 저절로 나오게 되는게 아닌가 생각해 봅니다.

성경에 등장하는 인물들 가운데서도 부전자전의 길을 걷는 사람들이 꽤나 있습니다.

아브라함을 이삭이 닮고, 이삭을 야곱이 닮고, 야곱을 그 아들들이 거짓말하는 것들을 닮아가는 과정을 보면서 머리가 띵 해지는 충격을 받습니다.

그러나 한편으로는 성경에 그렇게 믿음 좋은 사람들로 소개되고, 우리가 배우고 존경하는 사람들도 그렇게 거짓말 하는 것을 보면서 위로가 되기도 하는 것은 '사람은 누구나 실수할 때가 있구나!' 하는 것입니다.

믿음의 조상 아브라함도 거짓말을 합니다

아브라함하면 떠오르는 단어는 당연히 '믿음의 조상'이라는 단어입니다. 그만큼 아브라함은 하나님께서도 인정하시는 대단한 믿음의 소유자였습니다.

왜냐고요? 아니 그것을 몰라서 묻습니까? 삼척동자도 다 아는 사실인데도 모르신단 말이죠?

하나님께서 아브라함이 진짜 믿음이 좋은지를 시험하기 위해서 그 아들 이삭을 바치라 하니까 진짜 이삭을 꽁꽁 묶어서 제단에 올려놓고 칼로 잡으려 했잖아요. 정말 아찔한 순간에 하나님께서 말리셨기에 망정이지, 단 몇 초만 하나님께서 늦게 아브라함을 불렀으면 이삭은 그냥 죽었을 겁니다.

그래서 하나님께서 아브라함 보고 "너 진짜 믿음 좋구나 내가 이제는 인정하마" 하시고 믿음의 조상으로 등장하게 된거죠.

아브라함이 그렇게 우리의 기억 속에서 쭉 갔으면 좋았겠는데 현실은 그렇지 않습니다. 아브라함도 인간인지라 단점이 왜 없겠습니까?

그런데 성경은 좋은 것, 안 좋았던 것 가리지 않고 다 기록됩니다. 그래서 성경을 진실한 하나님의 말씀이라고도 하는가 봅니다.

그렇게 믿음이 좋은 믿음의 조상 아브라함도 거짓말을 합니다. 그것도 자기가 살기 위하여 똑같은 거짓말을 두 번씩이나 하는 오류를 범하게 됩니다.

그 땅에 기근이 있으므로 아브람이 애굽에 우거하려 하여 그리로 내려갔으니 이는 그 땅에 기근이 심하였음이라 그가 애굽에 가까이 이를 때에 그 아내 사래더러 말하되 나 알기에 그대는 아리따운 여인이라 애굽 사람이 그대를 볼 때에 이르기를 이는 그의 아내라 하고 나는

죽이고 그대는 살리리니 원컨대 그대는 나의 누이라 하라 그리하면

내가 그대로 인하여 안전하고 내 목숨이 그대로 인하여 보존하겠노

라 하니라(창 12:10-13).

아브라함이 거기서 남방으로 이사하여 가데스와 술 사이 그랄에 우

거하며 그 아내 사라를 자기 누이라 하였으므로 그랄 왕 아비멜렉이

보내어 사라를 취하였더니(창 20:1-2).

충격 좀 받으셨나요? 어휴! 어떻게 아브라함이 그럴 수가 있나 하

셨어요? 이제까지 가지고 있던 아브라함에 대한 좋은 인상이 다 깨

지셨나요? 그것도 한 번도 아니고 두 번씩이나 말이예요. 자기의 사

랑하는 아내 사라를 헌신짝 버리듯 남에게 주어버릴 수 있느냐 이

말입니다.

아브라함에게서 다른 사람들이 강탈하듯 빼앗아 갔다면 또 문제

는 다를 수 있습니다. 그러나 전쟁이 나서 빼앗긴게 아니잖아요? 진

짜 사랑한다면 그 사람을 위하여 목숨도 아끼지 않고 지켜 주려고 해

야 되는 것이 정상이 아니겠습니까? 꼭 뭐 영화가 아니더라도 보통사

람이라도 그것은 당연히 그래야 하는 걸로 우리는 알고 있잖아요?

그런데 그토록 믿음 좋은 아브라함이 왜 그렇게 했는지 이해를

할 수가 없을 정도입니다. 요즘처럼 가정 사역을 중요시하는 때라면

아브라함은 벌써 가정파괴자로 낙인 찍혀 버렸을지도 모르는 일입

니다. 거기에 정신과 병원에서 상담을 겸한 심리치료와 함께 약물치료도 받아야 한다고 진단이 내려졌을 겁니다.

그렇지만 아브라함도 사람인데 어쩔 수 없잖아요. 살기 위해서 잠깐 거짓말 좀 한 것 가지고 뭘 그러세요. 그래도 그게 아니라고요? 자기만 살고 사라는 원하지도 않는 곳에 가서 남의 아내가 되는 판에 그게 말이 되냐고요?

'저도 그 부분이 이해가 잘 되지 않기도 합니다만, 이게 다 하나님의 뜻이겠지요?' 하면 여자분들 한테 맞아 죽겠죠?

한편으로는 거듭해서 두 번씩이나 안 좋은 꼴을 당하는 사라의 입장에서는 정말 견디기 힘든 일을 겪고 마음의 상처가 심하여 내적 치유라도 받아야 하는게 아닌가 할 정도입니다. 생각하면 생각할수록 사라는 착한 아내라는 생각이 듭니다.

왜냐하면 두 번이나 아브라함에게서 버림받듯이 남의 아내가 되는데도, 한 마디도 아브라함에게 원망이나 불평을 하지 않고 순종을 합니다.

또한 남의 아내로 보내졌어도 도망을 친다거나 잠자리를 거부하는 등 그 어떤 돌출행동도 하지 않고 운명처럼 받아들이고 묵묵히 따르는 것을 보면서 마음이 아프기까지 합니다. 사라에게 위로의 하트라도 몇 개 보내줘야 할 것 같습니다.

이제 흥분도 좀 가라앉히시고 퀴즈를 풀어보면서 머리도 식혀 보세요. 다음의 퀴즈에 솔직하게 의견을 말해 보세요.

Q. 선의의 거짓말은 해도 좋다?

충분히 생각해 보셨나요? 여러분 의견에 좋다면 왜 좋은지, 안 좋으면 왜 안 좋은지를 생각해 보셨나요?

그 해답은 이 글의 끝 부분에서 자연스럽게 결론이 나오게 되리라고 생각이 듭니다. 기대하시기 바랍니다.

그리고 이왕에 퀴즈를 풀어 봤으니 한 가지만 더 풀어 보도록 하죠.

Q. 아브라함이 아내 사라를 자기 누이라고 속일 때 진짜 믿음이 있었을까요? 없었을까요?

창세기 12장에서 아브라함은 하나님으로부터 복의 근원이 되리라는 약속을 받고 가나안 땅에 들어가 하나님께 제단을 쌓는 믿음의 삶을 시작하게 됩니다.

그러나 곧 바로 그 땅에 가뭄으로 말미암아 기근이 들게 됩니다. 이렇게 아브라함에게 때 맞춰 기근이 들게 된 것은 아브라함의 신앙과 인내를 시험하는 계기가 된 것입니다.

방금 몇 구절 앞에서 하나님께서는 아브라함에게 복의 근원이 되리라고 약속해 주시고, 아브라함도 그런 하나님께 제단을 쌓고 예배를 드렸으면, 이럴 때에도 당연히 하나님께 물었어야 했습니다.

그런데 아브라함은 전혀 하나님께 묻지도 않고, 인간적인 판단과 인간적인 도움을 얻으려고 물이 풍부하여 가뭄이 없었던 애굽으로 갔습니다. 또한 지극히 인간적인 생각으로 자신의 안위를 불안하게 여긴 나머지, 경솔하게 아내까지 버리게 되는 믿음 없는 행동을 서슴지 않고 아내에게 강요한 것입니다.

이와 같이 하나님을 믿지 못하고 인간적인 수단과 방법을 강구하게 되는 첫 번째 시도가 바로 거짓말을 하는 것입니다.

이처럼 하나님을 믿는 믿음을 져버리면 세상 염려가 우리를 지배합니다. 아브라함은 지금까지 자신을 인도하시고, 보호해 주신 하나님의 권능의 손길을 잠시 잊어 버렸습니다. 하나님을 예배하는 마음 대신에 아직 닥치지도 않은 세상 일로 인하여 그 크신 하나님의 약속도 잊어버리고 거짓말로 남을 속이는 세상 사람의 행위를 그대로 저지르고 맙니다.

그로써 아브라함은 안타깝게도 복의 근원이 되게 하시겠다고 약속하신 이후에 치러지는 하나님의 첫 번째 테스트에서 보기 좋게 넉아웃 되고 맙니다.

5대에 걸쳐 유전되는 거짓말은 충격적입니다

1. 아브라함의 거짓말

아브라함의 거짓말이 아브라함에게서 끝나면 얼마나 좋았겠습니까? 그런데 참 이상한 것은 나쁜 것은 왜 그렇게 잘 닮죠? 시키지도 않았는데 말입니다. 그것도 자손 몇 대에 걸쳐서 거짓말이 이어지고 또 이어지고 있습니다.

하여튼 아브라함이 그 아내 사라를 애굽 사람 앞에서와 그랄왕 아비멜렉 앞에서도 내 누이라고 속이고, 두 번이나 거듭해서 똑같은 거짓말을 합니다. 그래서 당장의 위기는 모면하지만, 이방 사람들 앞에서 거짓말했다고 창피를 당하고 책망을 당합니다.

2. 이삭의 거짓말

그 후에 아브라함의 아들 이삭도 역시 똑 같은 거짓말을 합니다. 이삭이 그의 아내 리브가를 블레셋 사람들 앞에서 나의 누이라고 속입니다.

> 이삭이 그랄에 거하였더니 그곳 사람들이 그 아내를 물으매 그가 말하기를 그는 나의 누이라 하였으니 리브가는 보기에 아리따우므로 그곳 백성이 리브가로 인하여 자기를 죽일까 하여 그는 나의 아내라 하기를 두려워함이었더라(창 26:6-7).

위의 두 사람의 경우는 자기의 목숨을 부지하기 위해서 자기 아내를 누이라고 속이고 거짓말을 하는 경우입니다.

참으로 생각이 복잡해지는 사건입니다. 아내라고 고집하자니 자신의 목숨이 위태롭고, 그렇다고 눈을 시퍼렇게 뜨고 아내를 빼앗기

자니 너무도 억울하고 어찌해야 좋습니까? 만약에 그대로 사건이 종료 되었다면 어찌 되었을까 싶어서 가슴이 다 철렁하기까지 합니다.

3. 야곱의 거짓말

그리고 이제는 이삭의 아들 야곱이 거짓말로 장자권을 탈취하는 사건이 일어납니다.

> 이삭이 그 아들 에서에게 말할 때에 리브가가 들었더니 에서가 사냥 하여 오려고 들로 나가매(창 27:5)

> 야곱이 아버지에게 나아가서 내 아버지여 하고 부른대 가로되 내가 여기 있노라 내 아들아 네가 누구냐? 야곱이 아비에게 대답하되 나는 아버지의 맏아들 에서로소이다 아버지께서 내게 명하신대로 내가 하 였사오니 청컨대 일어나 앉아서 내 사냥한 고기를 잡수시고 아버지 의 마음껏 내게 축복하소서(창 27:18-19).

쇼킹하면서도 안타까운 것은 이 사건에서는 야곱의 어머니이며 이삭의 아내 리브가가 개입됐다는 사실입니다.

리브가는 자기 남편 이삭이 거짓말을 해서 아내인 자신을 다른 사람에게 빼앗길 뻔한 피해를 입은 당사자입니다. 그러니 말하지 않 아도 그 상처가 얼마나 컸겠습니까?

그런데 이제는 그 거짓말을 그대로 보고 배워서 자기 큰 아들 에서의 장자권을 자기가 좋아하는 차남 야곱이 받게 하려고 거짓을 꾸미는 당사자가 됩니다. 이렇게 거짓은 대물림을 거듭하면서 더욱더 교활하게 진화하는 것을 우리는 목격하게 됩니다.

그리고 이쯤해서 거짓은 끝나고 새로운 시대가 와야 할 텐데, 거짓말의 악순환은 여기서 끝나지 않고 더욱더 복잡하게 얽혀서 이어지고 있습니다.

4. 야곱의 아들들의 거짓말

야곱의 아들들은 모두 12명입니다.

> 레아의 소생은 야곱의 장자 르우벤과 그 다음 시므온과 레위와 유다와 잇사갈과 스불론이요 라헬의 소생은 요셉과 베냐민이며 라헬의 여종 빌하의 소생은 단과 납달리요 레아의 여종 실바의 소생은 갓과 아셀이니 이들은 야곱의 아들들이요 밧단아람에서 그에게 낳은 자더라(창 35:23-26).

야곱은 그 중에서 특별히 자기가 사랑하는 아내 라헬의 소생이며 노년에 얻은 아들인 요셉을 끔찍하게 사랑하게 됩니다.

> 요셉은 노년에 얻은 아들이므로 이스라엘이 여러 아들보다 그를 깊

이 사랑하여 위하여 채색옷을 지었더니(창 37:3).

그런데 이 요셉을 시기한 형제들이 광야에서 요셉을 이스마엘 상인들에게 팔아버리고 그 상인들은 요셉을 애굽에 팔아 버립니다. 그러고는 아버지 야곱에게 돌아와 요셉이 광야에서 짐승에게 찢겨 죽었다고 거짓말을 하게 됩니다.

야곱은 그야말로 되로 주고 말로 받은 셈입니다. 자식을 먼저 보낸 아비의 찢어지는 듯한 슬픔은 창세기 37장 33-35절에서 그야말로 적나라하게 표현되고 있습니다.

5. 유다의 며느리 다말의 거짓말

거짓말의 비극은 여기서 끝나지 않습니다.

야곱의 아들인 유다는 그의 며느리 다말의 거짓말에 속아 손자도 아닌 아들 쌍둥이 베레스와 세라를 낳게 되는 어처구니없는 사태를 맞이하게 됩니다.

이럴 때 좋아해야 됩니까? 아니면 슬퍼해야 됩니까? 참으로 헛갈리고 난처하며 민망하여 몸 둘 바를 모르게 되는 게 아니겠습니까?

사실은 유다가 며느리에게 먼저 거짓말을 했기 때문에 며느리도 시아버지에게 거짓말을 한 것입니다. 그리하여 유다의 며느리 다말이 나은 자녀들의 이름만 거명되고는 더 이상 유다에 대해서는 아무 부연 설명 없이 성경은 그대로 마무리를 짓고 맙니다.

그것이 바로 창세기 38장의 내용입니다. 창세기 38장 전체가 유다의 거짓말에 대해서 적나라하게 기록하고 있는 것입니다. 거짓말은 또 다른 거짓말을 낳고 그 거짓말은 또 다른 비극을 불러 온다는데 문제가 있는 것입니다.

이렇게 거짓말은 창세기에서 5대에 걸쳐 유전되고 있음을 보여줌으로서 우리에게 경고하고 있습니다. 절대로 하얀 거짓말이라도 하면 안 된다고 말입니다.

야곱은 자기가 한 거짓말로 인하여 혹독한 대가를 치룹니다

아브라함도 거짓말을 해서 자기 아내를 누이라 하고, 그 아들 이삭도 거짓말을 해서 아내를 누이라 하고, 야곱도 거짓말을 하고 장자권을 빼앗습니다.

그런데 유독 야곱은 왜 그렇게 혹독하게 시련을 많이 겪게 될까요?

참 이해하기 어려운 일입니다마는 그것은 나중에 하나님께 갈 때 여쭤보기로 하고, 여기서는 야곱의 거짓말의 대가로 치르게 되는 고난의 세월을 짚어 보도록 하겠습니다.

야곱은 형 에서의 장자권을 팥죽 한 그릇으로 사게 됩니다. 그리고 결정적으로 그의 어머니 리브가와 공모하여 형 에서의 장자권을 거짓말로 탈취하는 불법을 저지르고 말죠.

그래서 어찌 되었든지 간에 야곱은 장자권을 받아 성경에 기록된 예수님의 족보에 에서를 제치고 장자의 명분으로 당당하게 기록되게 됩니다.

아브라함과 다윗의 자손 예수 그리스도의 세계라 아브라함이 이삭을 낳고 이삭은 야곱을 낳고 야곱은 유다와 그의 형제를 낳고(마 1:1-2).

정상적으로 한다면 다음과 같이 기록이 되어야 할 것이었습니다. "아브라함이 이삭을 낳고 이삭은 에서를 낳고."

에서가 보면 기가 막히고 억울하고 분통이 터져서 도저히 참을 수 없는 분노가 폭발하는 것은 당연한 일이라고도 생각이 듭니다.

그래서 에서가 그렇게 동생 야곱을 죽이려고 20년 동안이나 칼을 갈고 군사들을 기르고 있었던 것이 아니겠습니까? 얼핏 보면 '뭐 그까짓 일을 가지고 동생을 죽이려고 20년 동안이나 꿍해 가지고 원한을 풀지도 않고 있나? 남자가 쪼잔해도 너무 쪼잔하다' 뭐 그렇게 생각할 수도 있습니다마는 형 에서 입장에서는 그게 아니죠.

제가 생각할 때는 형 에서가 야곱이 있는 삼촌 라반의 집으로 찾아가서 야곱을 죽이지 않은 것만 해도 정말 다행이라고 생각할 정도입니다.

그럼 마음을 차분하게 할 겸 해서 퀴즈를 하나 풀어 보고 넘어가도록 하죠.

Q. 야곱이 거짓말로 에서에게서 장자권을 안 빼앗았어도 장자의 축
복을 받을 수가 있었겠는가?

심히 어려운 문제라고 생각이 드나요? 그 모든 것은 하나님께서
알아서 하실 문제라고요?

에이 그렇게 문제를 비켜 가지 마시고 한 번 생각을 해 보세요. 어
쨌든지 한 번은 짚고 넘어가야 할 문제라고 생각하지 않나요?

진짜로 이삭이 에서에게 장자의 축복을 하려고 에서에게 사냥해
오라고 했는데 에서가 순적하게 사냥해 와서 이삭의 축복을 받았으
면 어찌할 뻔 했나요? 그렇게 안 되도록 하나님께서 막으셨을 거라
고요?

예를 들어 에서가 사냥을 나가서 짐승에게 잡혀 죽는다든가 해서
라도 하나님께서 장자의 축복을 야곱이 받도록 하시지 않았겠는가?
뭐 그런 생각이라도 하셨나요?

그건 너무 잔인하네요. 그렇게 까지 야곱을 편애하지는 마세요.

자! 그럼 이 퀴즈의 정답은 나중에 자연스럽게 밝히기로 하고,
지금은 야곱이 얼마나 거짓말의 혹독한 대가를 치르는가를 살펴봅
시다.

야곱은 거짓말로 장자의 축복을 가로챈 이후에 형 에서의 분노를

피하여 도망자의 신세가 됩니다. 멀쩡한 집과 부모님을 떠나서 일순간에 노숙자의 신세가 되고 맙니다.

그뿐이 아닙니다. 외삼촌 라반의 집으로 피신을 하여 외삼촌의 일을 하였지만, 외삼촌 라반에게도 10번이나 속임을 당하게 되는 어처구니없는 일을 당하게 됩니다.

> 내가 외삼촌의 집에 거한 이 이십년에 외삼촌의 두 딸을 위하여 십 사 년, 외삼촌의 양떼를 위하여 육년을 외삼촌을 봉사하였거니와 외삼촌께서 내 품값을 열 번이나 변역하셨으니(창 31:41).

그렇게 20년을 그리운 부모님을 뵙지도 못하고 타지에서 외롭게 홀대를 받으며 살아야 했던 야곱입니다. 그 세월이 얼마나 가슴에 그리움이 사무치고 고독하고 힘들었겠습니까?

그리고 집으로 돌아오게 되지만 하나님의 시련은 야곱을 더욱더 연단하게 됩니다. 그가 사랑하는 아들 요셉이 17세의 소년으로서, 그 형들과 함께 있을 때에 형들의 미움을 받아 애굽에 종으로 팔리는 신세가 되어버리고 맙니다(창 37:2).

물론 야곱의 아들들은 요셉이 짐승에게 죽었다고 거짓말을 합니다. 그러고서 야곱은 요셉이 죽은 줄만 알고 오랜 세월을 슬픔 속에서 지내야 했던 것입니다. 요셉이 애굽으로 팔려가서 애굽의 총리가 되기까지 13년이 걸립니다.

요셉이 애굽왕 바로 앞에 설 때에 삼십 세라(창 41:46).

그 후에 애굽에 7년 동안 풍년이 들고, 그 풍년 후에 극심한 7년 흉년이 시작되어 가나안 땅에 거주하는 야곱의 아들들이 애굽으로 곡식을 사러 와서 요셉을 만나게 됩니다.

그렇게 야곱이 사랑하는 아들 요셉을 만나기까지 족히 20여년의 세월이 흘러서야 부자 상봉이 이루어지게 됩니다. 이 얼마나 기구한 인생입니까?

그래서 야곱이 그 아들 애굽 총리 요셉의 도움으로 애굽으로 이주한 후에 애굽왕 바로 앞에 섰을 때 고백하는 말이 이렇습니다.

야곱이 바로에게 고하되 내 나그네 길의 세월이 일백 삼십년이니이다 나의 연세가 얼마 못되니 우리 조상의 나그네 길의 세월에 미치지 못하나 험악한 세월을 보내었나이다 하고 야곱이 바로에게 축복하고 그 앞에서 나오니라(창 47:9-10).

야곱 본인의 고백대로 참으로 야곱의 삶은 험악한 고생길 그 자체였습니다. 어떻게 보면 안 해도 될 고생을 한 것이 아닌가 하는 생각이 들기도 합니다.

왜냐고요? 그렇게 억지로 형 에서의 장자권을 빼앗지 않아도 됐었지 않았을까? 그렇게 거짓말을 해서 장자권을 얻으려 하지 않았어도 하나님께서 다 알아서 하실 것인데 인간적인 방법과 수단을 통해서 하려고 하니까 하나님께서 그런 것들을 버리라고 야곱을 연단하시는 차원에서 그렇게 고난을 주신 것이 아닐까 하는 생각이 들어서입니다.

아니 그걸 어떻게 압니까? 라고 항변하실지도 모르겠습니다.

그럼 우리 함께 성경을 보실까요? 우리 함께 눈을 크게 뜨시고 창세기 25장 21-23절을 보실까요?

> 이삭이 그 아내가 잉태하지 못하므로 그를 위하여 여호와께 간구하매 여호와께서 그 간구를 들으셨으므로 그 아내 리브가가 잉태하였더니 아이들이 그의 태 속에서 서로 싸우는지라 그가 가로되 이같으면 내가 어찌할꼬? 하고 가서 여호와께 묻자온대 여호와께서 그에게 이르시되 두 국민이 네 태중에 있구나 두 민족이 네 복중에서부터 나누이리라 이 족속이 저 족속보다 강하겠고 큰 자는 어린 자를 섬기리라 하셨더라(창 25:21-23).

이삭의 아내 리브가가 임신을 하였는데 쌍둥이를 가졌습니다. 그들이 바로 오늘의 주인공들인 에서와 야곱입니다.

그런데 하나님께서 리브가가 임신한 상태에서 이삭에게 예언을 합니다. 누가 누구를 섬긴다고요?

그렇습니다. 큰 자가 어린 자를 섬긴다고 합니다. 즉 에서가 야곱을 섬긴다는 것입니다. 이 예언을 이삭이 잊어버린 것일까요? 이 예언을 리브가가 믿지 않은 것입니까? 하나님께서 예언하신 것이 이루어지지 않겠습니까?

그렇지 않다면 왜 이삭은 에서를 장자로서 축복하려 했으며, 리브가는 억지로 야곱에게 장자의 축복 기도를 받게 하나요?

이삭과 리브가가 그렇게 불법을 행하지 않아도, 그렇게 인간적인 수단과 방법을 강구하지 않아도 하나님께서 작정하시고 예언하셨다면 그렇게 이루어지는 것을 믿음으로 바라면 되는 것이 아니겠습니까?

결국에는 이삭과 리브가의 믿음이 부족한 결과로 거짓말을 하게 되는 것을 보게 됩니다.

그렇습니다. 거짓말은 하나님을 믿지 못하고 인간적인 생각과 방법을 앞세울 때 하게 되는 것임을 다시 한 번 가슴에 새기게 됩니다.

앞에서 내드린 퀴즈가 이제야 생각이 나세요? 궁금증이 풀리셨나요? 그렇다면 다행이네요.

거짓말은 사단이 주는 것입니다

거짓말은 하나님을 믿지 않는 데서 시작되는 것을 우리는 함께 보았습니다. 하나님을 믿지 못하게 하는 것은 사단의 역사입니다.

뱀이 여자에게 이르되 너희가 결코 죽지 아니하리라(창 3:4).

사단은 그렇게 사람들이 하나님을 믿고 섬기지 못하도록 거짓말로 인간을 유혹하는 것입니다. 하나님을 믿는 믿음 대신 인간의 수단과 방법을 의지하도록 하는 것이 바로 사단의 역사입니다. 그래서 결국에는 하나님과 같이 되려는 교만의 극치가 바로 거짓의 본질입니다.

거짓말은 작은 거짓말이 있고 큰 거짓말이 있는 것이 아닙니다. 또한 하얀 거짓말 빨간 거짓말의 구별 없이 거짓말은 해서는 안 됩니다.

또한 어떠한 경우에도 거짓말은 해서는 안 됩니다. 거짓말을 하지 말라는 것은 십계명에 포함 될 만큼 중요한 것입니다.

네 이웃에 대하여 거짓 증거하지 말찌니라(출 20:16).

이스라엘의 지존자는 거짓이나 변개함이 없으시니 그는 사람이 아니시므로 결코 변개치 않으심이니이다(삼상 15:29).

하나님께서는 진실하시고 그러한 하나님의 진리의 말씀을 따르는 성도들은 거짓을 멀리하고 항상 진실해야 합니다. 그만큼 거짓에 대한 경고의 말씀이 성경에 수도 없이 많이 있습니다.

너희는 도적질하지 말며 속이지 말며 서로 거짓말 하지 말며 너희는

내 이름으로 거짓 맹세함으로 네 하나님의 이름을 욕되게 하지 말라

나는 여호와니라(레 19:11-12).

심중에 서로 해하기를 도모하지 말며 거짓 맹세를 좋아하지 말라

이 모든 일은 나의 미워하는 것임이니라 나 여호와의 말이니라(슥

8:17).

내가 심판하러 너희에게 임할 것이라 술수하는 자에게와 간음하는

자에게와 거짓 맹세하는 자에게와 품군의 삯에 대하여 억울케 하

며 과부와 고아를 압제하며 나그네를 억울케 하며 나를 경외치 아니

하는 자들에게 속히 증거하리라 만군의 여호와가 말하였느니라(말

3:5).

거짓말! 요즘 세상에서는 무의식중에서 밥 먹듯이 하게 되는 것
이 거짓말이라는 것입니다. 그렇지만 이제부터 거짓말은 하나님께
서 진짜 싫어하시는 것이라는 것을 생각하시고 뚝 끊으셔야 하겠죠.
우리는 지금 진짜를 찾아보기 힘든 세상에서 살고 있다고 해도
과언이 아닙니다. 짝퉁이라는 말은 삼척동자도 다 아는 단어가 되어
버렸습니다. 원산지를 속이는 일은 먹는 음식물이나 우리 일상 용품
을 가리지 않고 곳곳에서 버젓이 모습을 드러내고 있습니다. 어느

것이 진짜인지 알 수 없고, 교묘하게 법망을 피해서 수단과 방법을 가리지 않고 속이려하는 것이 현실입니다.

그렇듯이 오늘날 사회의 온갖 비리와 부정부패와 모든 악은 거짓에서부터 시작됩니다. 거짓은 정치, 경제, 문화, 예술, 교육, 환경 등 인간 세상의 전 영역에 걸쳐서 너무도 광범위하고도 뿌리 깊게 독버섯처럼 퍼져 있습니다.

잠시 여기서 가슴에 새기고 넘어갈 문제가 있습니다. 가슴에 손 얹으시고 거짓 없이 진실하게 대답해 보시기 바랍니다.

Q. 사람들이 왜 그렇게 거짓말을 하고 정직하지 못할까요? 왜 그렇게 물 불 안 가리고, 너 나 없이 거짓된 행동을 할까요?

그렇죠! 바로 욕심과 교만이 그 속에 있기 때문에 그렇습니다. 세상 것을 더 가지려는 욕심, 다른 사람들보다 더 높아지려는 교만함 그런 것들이 거짓과 부정직한 일을 행하게 하는 주범입니다.

후진국일수록 부정부패가 만연하고 뇌물이 성행하며, 진짜보다는 가짜가 판을 치고, 정당함 보다는 무력이 득세하게 되는 것을 우리는 수없이 많이 보고 듣고 겪었습니다.

그래서 사회의 지도층 사람들이 뉴스에 나오는 것을 보면 하나같이 문제가 되는 것이 위장전입이며, 부정한 방법으로 재산을 모았다든가, 뇌물수수, 군복무를 회피한 것들이 도마에 오르는 것을 심심찮게 보게 됩니다.

　우리가 살아가는 사회에서 거짓이 없어지고 정직해지면 모든 범죄는 사라지게 됩니다. 진실을 행하는 사람들이 만드는 정직한 사회가 바로 아름다운 공동체입니다. 그래서 무엇을 하든지 믿고 살 수만 있다면 보다 더 밝은 미래가 열리게 될 것을 우리는 믿습니다.

　참기름, 진짜 참기름, 직접 짠 진짜 참기름!

　그런 거 말고
　우리 모두 참 기름이라고 하면
　묻지도 말고 따지지도 말고, 자세히 보지도 않고
　그냥 '참기름 한 병 주세요' 하고
　사가는 그날 까지 진실합시다.

03

그래도 여기가 낫습니다

여호와께서 그들 앞에 행하사 낮에는 구름 기둥으로 그들의 길을 인도하시고 밤에는 불 기둥으로 그들에게 비취사 주야로 진행하게 하시니 낮에는 구름 기둥, 밤에는 불 기둥이 백성 앞에서 떠나지 아니하니라(출 13:21-22).

이스라엘 자손이 사람 사는 땅에 이르기까지 사십년 동안 만나를 먹되 곧 가나안 지경에 이르기까지 그들이 만나를 먹었더라(출 16:35).

주께서 사십년 동안 너희를 인도하여 광야를 통행케 하셨거니와 너희 몸의 옷이 낡지 아니하였고 너희 발의 신이 해어지지 아니하였으며(신 29:5).

그래도 여기가 낫습니다

이스라엘 백성들이 430년 가까이 종살이 하던 애굽에서 풀려나 가나안 땅으로 가는 약 40년을 광야에서 지내게 됩니다. 광야는 그 야말로 물도 부족하고 풀이 거의 없어서 가축을 기르기에도 어렵습니다. 사람들이 먹을 양식이 부족하며, 낮에는 뜨겁고 밤에는 추워서 사람이 살아가기에는 너무도 안 좋은 곳이 광야입니다.

그런 광야를 지나면서 하나님의 도우심을 받는 다는 것은 참으로 신나는 일입니다. 더구나 하나님께서 매일 매일 적당한 양식을 주신 다는 것은 대단한 축복입니다.

광야에서 맛보는 하나님의 만나입니다

광야를 지나는 이스라엘 백성들을 위하여 하나님께서는 특별한 배려를 아끼지 아니하셨습니다.

우선 이스라엘 백성들의 갈 길을 하나님께서 인도하셨습니다. 낮에는 구름기둥으로 인도하시고, 밤에는 불기둥으로 비추셔서 그 백성들을 인도하셨습니다.

그러한 구름기둥과 불기둥은 나침반 역할만을 한 것이 아니었습니다. 광야의 뜨거운 낮에는 시원한 그늘이 절실한데 앞서서 길을 인도하던 구름기둥이 그늘이 되어주고, 기온이 내려가는 밤에는 불기둥이 따뜻한 보호막이 되어 주기도 하였던 것입니다.

그뿐만이 아니었습니다. 이스라엘 백성들이 광야를 지나는 동안 하나님께서는 의식주 문제에도 세밀하게 간섭하시고 은혜를 베푸시는 것을 볼 수 있습니다.

이스라엘 백성들이 일용할 양식을 하나님께서 손수 공급하셨습니다. 그것도 하루 이틀이 아니라 무려 40년 동안을 한결같이 내려 주셨습니다.

이스라엘 자손이 사람 사는 땅에 이르기까지 사십년 동안 만나를 먹되 곧 가나안 지경에 이르기까지 그들이 만나를 먹었더라(출 16:35).

이스라엘 백성들은 저녁에는 메추라기 고기를 먹고, 아침에는 만나를 먹었습니다.

저녁에는 메추라기가 와서 진에 덮이고 아침에는 이슬이 진 사면에

있더니 그 이슬이 마른 후에 광야 지면에 작고 둥글며 서리 같이 세미
한 것이 있는지라(출 16:13-14).

그 만나는 출애굽기 16장 31절에 보면 깟씨 같기도 하고 희고 맛
은 꿀 섞은 과자 같았더라고 기록하고 있습니다.

아마도 요즘 한창 인기 절정이었던 허니 버터칩과 비슷한 맛이
아니었을까 하는 생각도 듭니다.

아니 그보다 더 좋은 맛과 영양가가 있었다고 생각이 듭니다. 왜
냐하면 하나님께서 직접 공급하시는 만나인데 방부제나 안 좋은 재
료로 만들었을리는 만무하고, 우리 인체에 필요한 각종 영양소가 골
고루 들어 있어서 따로 비타민제나 영양제를 챙겨 먹지 않아도 될
정도로 고급 자연 식품이었을 것입니다.

여기서 잠깐 머리를 식히는 퀴즈 하나 풀고 가보겠습니다.

Q. 제가 방금 말씀 드린대로 하나님께서 주시는 만나가 그렇게 맛
좋고 영양가 높은 식품인지 어떻게 알 수 있습니까? 아시는 분?

그거야 간단하죠! 항상 모든 답은 어디에 있다? 그렇죠. 인생이
사는 모든 문제의 해답은 성경에 있습니다.

우선 성경에 만나를 먹고 배탈 난 사람이 하나도 없다고 기록되
어 있습니다. 그리고 만나를 40년 동안 먹었는데 부작용 하나 난 사

람이 없다는 것은 임상 실험적으로도 대단히 성공한 식품이라는 것을 증명합니다.

그렇게 만나를 40년 동안이나 먹는데 모든 백성들의 영양이 결핍되었다는 말이 없다는 것은 그렇게 만나가 남녀노소 모두에게도 완전식품이라는 것입니다.

아! 그리고 또 한 가지는 만나를 먹고 나서 과자 사달라고 조르는 애들이 없는 것을 봐서 맛도 좋았을 것이라고 생각이듭니다. 그게 아니라 편의점이 없어서 안 졸랐을 거라고요? 이쯤에서 넘어갑시다.

출애굽기 16장 21절에 보면 더욱더 세밀하신 하나님을 만나 볼 수 있습니다.

이른 아침에 만나가 내리고 나면 사람들이 먹을 만큼 거두어 가게 됩니다. 그러면 광야에 남는 것이 있을 것이 아닙니까? 그러면 그것이 어떻게 됩니까? 음식물은 부패하게 되면 냄새가 나고 환경이 오염되게 됩니다.

그러면 이스라엘 백성들이 지내기에 얼마나 불편 했겠습니까? 하나님께서는 그것도 미리 아시고 해결해 주셨습니다. 백성들이 먹을 만큼 거두고 나면 광야에 해가 떠올라 뜨겁게 내리쬐면 만나는 자연스럽게 없어져버리는 것입니다. 너무도 신기한 일이죠?

참으로 하나님께서는 너무도 세밀하시면서도 지극하신 사랑으로 이스라엘 백성들을 광야에서 인도하셨다는 것을 볼 수 있습니다.

광야에서 체험한 아웃도어룩입니다

하나님의 사랑은 거기서 끝난게 아닙니다. 하나님의 사랑은 끝이 없었습니다.

하나님께서는 이스라엘 백성들을 인도하시면서 나 몰라라 하시는 분이 아니십니다. 광야에서의 뜨거운 햇볕과 밤의 추위를 막아주시고, 만나와 메추라기를 통하여 먹이시며, 옷과 신발을 닳지 않도록 하셔서 광야의 삶을 잘 견디게 하셨습니다.

> 주께서 사십년 동안 너희를 인도하여 광야를 통행케 하셨거니와 너희 몸의 옷이 낡지 아니하였고 너희 발의 신이 해어지지 아니 하였으며(신 29:5).

이스라엘 백성들이 40년 동안 광야 생활을 하는 동안 그들은 쇼핑을 할 수가 없었습니다. 그 어디에도 백화점이나 대형마트, 심지어는 재래시장도 없었습니다. 인터넷 홈쇼핑은 아예 꿈도 꿀 수 없고 공장을 가동할 수도 없었습니다.

아니 그때가 언제인데 그런 소리를 하냐고요? 분위기를 좀 바꿔보려고 한 번 해 봤어요. 너무 야단치지 마세요.

그렇죠. 광야 생활을 하면서 언제 옷을 만들어 입고, 신발을 만들어 신고 할 시간이 있었겠습니까? 또한 그 많은 재료는 어디서 구하고요.

거기다 사람은 좀 많습니까? 그 당시 사람을 계수하는 숫자에 포함되지 않은 여자와 아이들까지 합하면 약 200만이 훨씬 넘도록 어마 어마하게 많은 사람들의 옷과 신발을 어떻게 해결합니까?

> 이스라엘 자손이 라암셋에서 발행하여 숙곳에 이르니 유아 외에 보
> 행하는 장정이 육십만 가량이요(출 12:37).

아무리 유능한 지도자 모세라도 이 문제를 해결하기에는 거의 불가능 했습니다. 하나님의 기적이 아니면 살아갈 수 없는 상태임을 깨닫게 됩니다.

그러나 이스라엘을 인도하시는 하나님께서는 광야를 통행하는 40년 동안 옷이 낡지 아니하고, 신발이 해어지지 아니 하도록 특별한 조치를 취하셨습니다.

옷이나 신발에 특수한 코팅을 하셨나? 아니면 특수 옷감과 재질을 사용하여 만드셨나? 그것도 아니면 습기와 바람과 땀에도 잘 견디는 첨단 소재인가?

하여튼 한없이 궁금하고, 생각이 생각의 꼬리를 물지만 한 가지 분명한 것은 이스라엘 백성들의 옷과 신발이 40년 동안 낡지 아니하고, 해어지지 아니하였다는 것은 하나님의 보호막이라는 사실입니다.

우리는 그것을 또 다른 표현으로 은혜라고 부르기도 합니다.

이런 일들을 보면서 '아! 저렇게 이스라엘 백성들은 하나님이 인도함을 받으며 살았으니 얼마나 좋을까? 나도 그런 은혜 속에서 살았으면 좋겠다' 그렇게 생각이 드시나요? 그런 분들은 손들어 보세요. 와우 생각보다 많이 드시네요.

하긴 요즘 너무도 어려워서 그렇게 생각하시고도 남겠다는 생각이 들기도 합니다. 최저 임금이 어떻다, 비정규직이 어떻다, 청년 실업이 증가한다. 조기 은퇴로 빈곤 노년층이 늘어난다. 뭐 이런 예기들은 너무도 귀에 익숙해서 차라리 자장가로 들리는 듯 하는 세상이 되어 버린 듯 합니다.

그래서 '아! 나의 삶도 광야의 이스라엘 백성들처럼 하나님께서 먹이시고 입히시고, 낮에는 구름기둥, 밤에는 불기둥으로 인도해 주시면 안되나?' 하고 간절히 광야의 이스라엘 백성들을 부러워하고 계시지는 않습니까?

아니면 주님께서 언제 오시나? 하고 간절히 주님을 기다리시지는 않나요? 그래도 이스라엘이 생활했던 광야보다 여기가 낫습니다.

저는 한 가지만 보더라도 지금 여기가 낫다는 생각이 듭니다. 생각해 보세요. 만나를 40년 동안 먹었다는데 저는 도저히 질려서 그렇게는 못 살았을 것 같은데요. 지금 그렇게 다양한 메뉴를 먹는데도 맛이 있네, 없네 하는데 아침에도 만나, 점심에도 만나, 저녁에도 만나, 오늘도 만나, 내일도 만나 그렇게 먹으라고 하면 아마 지금 사람들 다 죽는다고 할 겁니다.

아니 그래도 광야의 이스라엘 백성들은 하나님께서 다 입혀주시고 먹여주시고 신도 주시는데 거기가 더 낫지 뭐가 여기가 더 낫냐고요?

그래서 거기서 살아보지 않은 사람들은 성경을 조금만 읽어보고는 그렇게 오해를 하신다니까요. 이제 조목조목 저와 함께 여기가 좋은지 거기가 좋은지 살펴보도록 하겠습니다.

아무리 좋아도 광야 생활은 나그네와 같은 삶입니다

한국 사람이라면 아무리 군대를 갔다 오지 않은 여자분 들이라도 군대에 대해서 어느 정도는 들어서 다 잘 아실 줄로 믿고 한 가지 질문을 드리겠습니다.

Q. 군대에서 5분대기조를 아십니까?

웬 군대예기는 뭐고, 갑자기 5분대기조는 또 뭔 소리냐? 하실지 모르지만 일단 문제를 푸시면 제가 대답해 드리겠습니다.

그렇죠. 군대에서 5분대기조는 그야말로 비상대기조입니다. 위급한 상황이 벌어졌을 때 부대가 출동하기 전에 미리 상황이 벌어진

곳으로 소수의 분대원 정도가 5분 내에 출동하여 상황을 제압하거나 방어진을 구축하는 임무를 띤 작전대원들이 5분대기조입니다.

심지어 5분대기조는 언제 벌어질지 모르는 출동을 위하여 완전 무장을 하고 신발을 신고 잠을 자기도 하는 극도의 긴장감을 늦추지 않는 것이 상식일 정도입니다.

광야의 이스라엘 백성들은 그렇게 긴장하며 살았습니다.

그걸 어떻게 아느냐고요?

그거야 간단하죠. 성경 말씀을 보세요. 구름기둥과 불기둥이 움직이면 이스라엘 백성들은 짐 싸들고 구름기둥과 불기둥을 따라서 이동해야 했습니다.

그런데 더 큰 문제는 구름기둥과 불기둥이 언제 움직일지 모른다는 겁니다. 오늘 움직일지, 내일 움직일지, 아니면 1달 있다 움직일지, 1년 있다 움직일지 아무도 모른다는 것입니다.

당장 오늘 아침이라도 구름기둥이 움직이면 그 구름기둥을 따라서 모든 짐을 싸서 이동해야 하는게 이스라엘 백성들이었던 것입니다.

구름기둥이 한 삼년 정도 있다가 움직인다고 하면 농사도 짓고, 나무도 심고, 살림도 장만하겠지만 언제 움직일지 모르기에 아무것도 할 수 없는 것입니다.

요즘으로 말하자면 전세 사는 사람보다도 못한 것입니다. 그래도 전세는 2년이라는 계약기간이 있잖아요. 그래서 2년만큼은 안심하고 살 수 있는데 이스라엘 백성들은 오늘 움직일지, 내일 가야 할지를 모르는 그야말로 5분대기조 같은 긴장된 삶을 살아야 하는 것입니다.

그래서 이스라엘 백성들은 오늘은 구름이 어디에 있나? 혹시 움직이지나 않았나? 하면서 그야말로 하늘, 즉 하나님만 쳐다보고 살 수 밖에 없도록 하나님께서 훈련시키시는 것입니다.

더 나아가서 그렇게 이동하는 구름기둥이 얼마나 멀리 갈지도 모른다는데 심각성이 있는 것입니다.

차라리 언제 구름기둥이 움직이고, 한 번 움직이면 얼마의 거리를 간다. 이것이 딱 정해져 있으면 마음과 삶의 준비를 하고 움직이면 되는데 그렇지 않은 겁니다.

한 번 움직이면 열흘을 가든지, 한 달을 가든지, 아니면 일 년 내내 가는지를 알 수가 없고, 오직 하나님께서 구름을 멈출 때까지 가야 했던 것입니다.

그러니 사람들이 그것에 익숙해지기 어렵고, 늘 긴장해서 살아야 하니 그것이 보통 힘든 일이 아닐 수 없었을 것입니다.

광야 생활은 이스라엘 백성들에게 하나님의 훈련장이었습니다

그렇게 하나님은 이스라엘 백성들을 광야에서 하나님만 의지하며 살도록 훈련시키신 것입니다. 광야에서 이스라엘 백성들은 그야말로 나그네와 같은 삶을 살았습니다.

광야생활도 하루 이틀 정도면 광야 체험관광 정도로 여겨도 좋겠지만, 일 이 년도 아니고 십년도 아니고 무려 40년이라는 세월을 광야에서 지낸다는 것은 삶을 송두리째 바꿔놓는 것입니다.

그런데 더욱더 놀라운 충격적인 사실이 있습니다.

사실 애굽에서 가나안까지는 그렇게 먼 거리는 아니었습니다.

> 호렙산에서 세일산을 지나 가데스 바네아에까지 열 하룻길이었더라
> (신 1:2).

즉 시내산에서 가데스 바네아까지 11일 걸린다면, 애굽에서 가나안까지는 15일이면 충분히 갈 수 있는 거리인 것입니다.

그런데 왜 이스라엘 백성들은 40년 동안이나 광야에서 방황하며 고생하는 삶을 살았을까요? 그 이유는 이스라엘의 불순종에 대한 하나님의 훈련이었습니다. 이스라엘 백성들이 전적으로 하나님만을 의지하고 살도록 하시려는 하나님의 계획이었습니다.

이스라엘의 지도자 모세는 가데스바네아에서 각 지파에서 12명의 대표를 뽑아 가나안 땅을 정탐하게 합니다. 정탐에서 돌아온 12명 중에서 여호수아와 갈렙을 제외한 10명은 가나안 땅에 들어가는 것은 불가능하다고 보고하고 우리 중에 대표를 세워 또 다시 그들이 나온 애굽으로 돌아가자고 한 것입니다.

하나님께서는 이스라엘 백성들을 출애굽 시키시면서 가나안땅에 들어 갈 것이라고 약속해 주셨습니다. 그러나 이스라엘 백성들은 그 약속을 믿지 못하고 하나님을 배반하였기에 가나안 땅을 정탐한 40일을 40년으로 환산하여 광야에서 방황하며, 여호수아와 갈렙 외에는 모두 다 광야에서 죽음을 맞이하고, 그 다음 세대들만이 가나안 땅에 들어가도록 하신 것입니다.

출애굽을 해서 광야 생활을 하던 이스라엘 백성들은 날마다 하나님의 기적을 체험하면서도 하나님을 수시로 원망하고 불평하며 하나님의 마음을 아프게 하였습니다.

세상에 모세보다 더 온유한 사람이 없다고 할 만큼 사람 좋은 모세도 오죽했으면 하나님께 차라리 나를 데려가시라고 했을까요?

이 사람 모세는 온유함이 지면의 모든 사람보다 승하더라(민 12:3).

이 모든 백성에게 줄 고기를 내가 어디서 얻으리이까? 그들이 나를 향하여 울며 가로되 우리에게 고기를 주어 먹게 하라 하온즉 책임이 심히 중하여 나 혼자는 이 모든 백성을 질 수 없나이다 주께서 내게 이같이 행하실찐대 구하옵나니 내게 은혜를 베푸사 즉시 나를 죽여 나로 나의 곤고함을 보지 않게 하옵소서(민 11:13-15).

사람은 어디까지나 사람입니다. 한계 상황을 만나면 어쩔 수 없이 본색을 드러내는게 사람입니다. 그렇게 모세도 훈련되어지는 과정이고, 더불어 이스라엘도 하나님의 훈련 계획 속에서 철저하게 다듬어져 가는 것을 볼 수 있습니다.

이스라엘 백성들이 광야를 지나가는 것만으로 훈련은 끝나는게 아닙니다. 이스라엘 민족은 자손대대로 하나님을 섬기며 살아야 하기 때문에, 하나님께서는 이스라엘 백성들이 하나님을 섬기는 일이 몸에 철저히 배도록 훈련 시키셨습니다.

우선 하나님을 섬기는 일이 얼마나 중요한지를 가르치기 위하여 이스라엘 백성들이 광야에서 생활하는 동안에 율법을 주시고, 성막과 성전 기구들을 만들게 하시고, 각종 제사의 규례와 제사장들의 복장과 할 일들을 모세오경을 통하여 자세하게 일러줍니다.

민수기 4장에서는 성막을 옮기는 일조차도 하나님의 방법대로 해야 함을 가르침으로 이스라엘 백성들이 하나님을 섬기는 일이 얼마나 소중한지를 깨닫게 하십니다.

거룩한 성소를 함부로 들여다보기만 해도 죽습니다. 성물도 함부로 만지면 죽습니다. 정성스럽게 정해진 순서대로 회막을 걷어 성물을 정리하고 흐트러짐이 없이 메고 가야 하는 것입니다.

이것이 한 번으로 끝난다면 오죽 좋겠습니까? 이렇게 긴장된 일을 구름기둥이 움직일 때마다 수도 없이 해야 합니다. 그것도 일 이년도 아니고 40년 동안이나 해야 한다고 생각하면 실로 머리가 쭈뼛해지는 일이 아닐 수 없습니다.

광야에서 생활하며 식구들이 살아야 하는 천막을 치는 일 또한 마찬가지입니다. 하나님께서 명하신 대로 동서남북으로 각 지파를 구분하여 성막을 중심으로 장막을 치는 것입니다. 아무 곳에, 아무렇게나 자기가 머물고 싶은 곳에 캠핑 온 것처럼 텐트를 칠 수 있는 것이 아닙니다.

우리 역시 광야 생활을 하는 나그네입니다

그래도 거기가 여기보다 낫다고 하시겠습니까? 아직도 여기가 거기보다 못하다고 불평하시겠습니까?

아무 수고를 아니하여도 매일 만나를 내려 주시고, 더우면 구름 기둥으로 덮으시고, 추우면 불기둥으로 덮으시니까 그것만 보시고 그게 얼마나 좋냐고 하시겠습니까?

이스라엘 백성들은 그만한 대가를 치르면서 하나님의 훈련장에서 매일같이 광야를 뱅글뱅글 맴돌고 있는 것입니다. 그들이 모든 것을 다 내려놓고 오직 하나님만 바라보며, 하나님만 섬기며, 하나님의 말씀에 순종할 때까지 말입니다.

그래서 생각건대 그래도 여기가 좋고, 지금이 그 때보다 낫다는 생각이 듭니다. 그런데 가만히 생각해 봅시다. 이렇게 여기가 좋다면 여기서 얼마나 사시면 되겠습니까?

시편기자는 우리 인생에 대하여 다음과 같이 고백하였습니다.

우리의 모든 날이 주의 분노 중에 지나가며 우리의 평생이 일식간에 다하였나이다 우리의 년수가 칠십이요 강건하면 팔십이라도 그 년수의 자랑은 수고와 슬픔 뿐이요 신속히 가니 우리가 날아가나이다 누가 주의 노의 능력을 알며 누가 주를 두려워하여야 할대로 주의 진노를 알리이까? 우리에게 우리 날 계수함을 가르치사 지혜의 마음을 얻게 하소서(시 90:9-11).

지혜로운 사람은 어떻게 한다고 말씀하십니까?

사람은 언젠가는 죽습니다. 바로 그 날을 손꼽아 보고 언젠가는 끝날 그 날을 위하여 어떻게 해야 하는가를 생각해 보라는 것입니다.

이것은 마치 비상벨이 울리면 뛰쳐나가야 하는 5분대기조처럼 근신하여 깨어 있어야 합니다.

또한 우리의 몸과 마음을 하나님께 드리며

죄악된 세상에서 사단의 시험과 유혹을 이겨내기 위하여 하나님의 전신갑주를 취하여야 하겠습니다.

04

보이는 것이 전부가 아닙니다

다윗이 블레셋 사람에게 이르되 너는 칼과 창과 단창으로 내게 오거니와 나는 만군의 여호와의 이름 곧 네가 모욕하는 이스라엘 군대의 하나님의 이름으로 네게 가노라 오늘 여호와께서 너를 내 손에 붙이시리니 내가 너를 쳐서 네 머리를 베고 블레셋 군대의 시체로 오늘날 공중의 새와 땅의 들짐승에게 주어 온 땅으로 이스라엘에 하나님이 계신 줄 알게 하겠고 또 여호와의 구원하심이 칼과 창에 있지 아니함을 이 무리로 알게 하리라 전쟁은 여호와께 속한 것인즉 그가 너희를 우리 손에 붙이시리라 블레셋 사람이 일어나 다윗에게로 마주 가까이 올 때에 다윗이 블레셋 사람에게로 마주 그 항오를 향하여 빨리 달리며 손을 주머니에 넣어 돌을 취하여 물매로 던져 블레셋 사람의 이마를 치매 돌이 그 이마에 박히니 땅에 엎드러지니라(삼상 17:45-49).

보이는 것이 전부가 아닙니다

다윗은 그리스도인들이 잘 아는 성경 인물 중에서도 탁월한 지도력을 가진 이스라엘의 위대한 왕으로 존경 받고 있습니다. 그러나 다윗하면 가장 먼저 떠오르는 단어가 뭘까요? 그렇습니다. 바로 골리앗이죠.

골리앗은 다윗을 사람들의 가슴속에 새겨 넣게 하는데 일등 공신을 한 사람입니다. 골리앗은 다윗과 일대일로 싸워서 이마에 물맷돌을 맞고 쓰러져 죽은 블레셋 장수입니다. 그 흥미진진한 대결 장면이 성경 사무엘상 17장에 적나라하면서도 생생하게 기록되어 있습니다.

골리앗은 블레셋의 군대 장관입니다

그런데 성경을 보면 골리앗은 다윗에게 한 방에 가버릴 정도로 그렇게 나약한 사람이 아닙니다. 골리앗은 블레셋의 군대 대장이며 장수로서 거인이었습니다. 키는 여섯 규빗 한 뼘이라고 되어있습니다. 요즘으로 환산하면 약 2.9m 정도의 거인인겁니다.

또한 그가 입은 갑옷의 무게는 놋 오천 세겔인데, 그것도 한 세겔이 요즘으로는 11.4g정도이니 총 무게는 57,000g 즉 57kg으로서, 보통 사람은 입고도 제대로 싸움을 하기에도 어려운 무게입니다. 또한 그가 가진 창의 날개만 해도 철 육백 세겔 즉 6.84kg이나 되었습니다.

그런 거인이 이스라엘 앞에 나타난 것입니다. 그러니 이스라엘 군사들이 기가 죽는 건 당연한 일이지요.

참고로 성경 사무엘상의 기록을 한 번 보실까요?

사울과 온 이스라엘이 블레셋 사람의 이 말을 듣고 놀라 크게 두려워하니라(삼상 17:11).

이스라엘 모든 사람이 그 사람을 보고 심히 두려워하여 그 앞에서 도망하며(삼상 17:24).

더구나 당시 이스라엘의 왕이었던 사울도 보통 이스라엘 사람보다 어깨 위나 더 컸음에도 불구하고 크게 두려워하고 있었습니다(삼상 10:23).

다윗은 양치는 작은 목동에 불과합니다

자! 그럼 골리앗과 대결하러 나온 다윗에 대해서 알아볼까요. 다윗은 군대 대장도 아닙니다. 칼을 들고 적들과 싸워 본 적도 없습니다. 들에서 양을 치는 목동이었습니다. 나이도 물론 어린 소년이었습니다. 그래도 골리앗과 싸우겠다고 나온 다윗을 사울이 타이르는 장면이 애처롭기까지 합니다.

사무엘상 17장 33절에 보면 '너는 소년이요 골리앗은 어려서부터 용사라고 하면서 상대가 안 된다'고 설득하는 것입니다. 물론 다윗은 키도 사울보다도 작았습니다. 그래도 다윗이 골리앗과 싸우러 나간다고 하니까 사울이 다윗에게 자기의 갑옷을 입혀 봅니다. 군복 위에 칼도 차 보게 하지만 다윗에게는 잘 맞지 않습니다. 그래서 다윗은 곧 벗어버리고 맙니다.

현실은 눈에 보이는 허상에 불과할 뿐입니다

상황이 이렇다면 쉽게 결과를 예상할 수 있지 않습니까? 세상적인 기준으로 보면 누가 이기겠습니까? 요즘에도 어떤 어려운 일이 생기면 "이건 다윗과 골리앗의 싸움이야" 하면서 가볍게 비교하는 용어로 쓰일 정도로 결과가 뻔한 일 아닙니까?

그렇다면 과연 예상한대로 그렇게 싸움이 끝났습니까? 결과가 그렇지 않다는 것은 우리는 이미 성경을 봐서 잘 아는 사실이지만 정 반대의 결과가 나타났습니다.

골리앗은 다윗이 던진 물맷돌을 한 방 맞고 죽어 버림으로서 세기의 대결은 너무도 싱겁게 마무리가 되어 버렸습니다.

몇 시간 동안 격투를 벌인 것이 아닙니다. 피 튀기는 칼싸움을 벌인 것도 아닙니다. 화려한 특공대의 작전이 펼쳐진 것도 아니었습니다. 서로 말 몇 마디 하다가 느닷없이 던진 돌 하나에 승패가 갈라진 것입니다. 그것은 우연히, 어쩌다 던진 돌에 골리앗이 맞고 쓰러졌을까요?

현실을 누가 지배하는가를 아는 것이 본질입니다

다윗은 이 싸움에 대해서 어떻게 생각했을까요? 다윗이 골리앗을 제압하게 된 결정적인 이유는 무엇이었다고 생각하십니까?

우선 퀴즈를 하나 풀면서 머리를 식혀 보도록 하겠습니다. 솔직하게 질문에 답하시기 바랍니다. 준비되셨습니까? 자! 퀴즈 나갑니다.

Q. 골리앗이 크면 클수록 이스라엘 군사들에게는 좋습니까? 나쁩니까?

그렇죠! 나쁩니다. 솔직히 골리앗이 크면 클수록 대항할 수 없는데 뭐가 좋겠습니까? 그냥 기가 질리는 거죠. 솔직히 보기도 싫고 골리앗이 말하는 소리도 듣기 싫고, 어서 빨리 이 전쟁이 끝나서 사랑하는 가족이 있는 고향으로 돌아가고 싶은 맘뿐이 없는게 사실이었을 겁니다.

그러면 다음 두 번째 문제를 드리도록 하겠습니다. 잘 생각해 보신 후 솔직하게 대답해 주시기 바랍니다.

Q. 골리앗이 크면 클수록 다윗에게는 좋습니까? 나쁩니까? 왜 그렇습니까?

이스라엘 군사들에게 골리앗은 크면 클수록 대항해서 이길 수 없으니 나쁘지만, 다윗에게는 이와 정반대의 경우가 되는 것입니다. 골리앗이 크면 클수록 물맷돌을 던져서 맞추기 쉬워지니까 다윗에게는 유리한 것입니다.

예를 들어 골리앗이 산더미처럼 크다고 하면 다윗은 눈을 감고 물맷돌을 던져도 맞출 수 있을 정도가 되니까 그 보다 더 좋은게 또 어디 있겠습니까?

믿음은 현실을 넘어 영적인 것을 보는 안목입니다

그러나 이야기가 여기서 끝났다고 하면 그저 그런 세상의 운수

좋고, 싸움 기술 좋은 사람의 영웅담으로 신화처럼 남을 수밖에 없었을지도 모르겠습니다. 그러나 그 가운데에는 다윗과 골리앗과의 싸움이 단순히 창과 칼의 싸움을 넘어 영적인 의미가 있다는 것을 생각해볼 수 있습니다.

다윗과 골리앗의 싸움은 다윗과 골리앗만의 싸움은 아니었습니다. 그것은 하나님의 백성과 이방백성들과의 싸움이었으며, 근본적으로는 하나님과 하나님을 대항하는 이방신과의 싸움이었습니다. 그래서 믿음으로 접근해볼 때 몇 가지 재미있는 사실들을 발견하게 되는 것입니다.

이스라엘은 하나님을 섬기는 민족입니다. 사울왕 전에는 하나님께서 친히 다스리시는 국가였습니다. 그래서 하나님을 잘 섬기면 하나님께서 평안을 주시고 부강하게 하시지만, 하나님을 잘 섬기지 못하고 이방신을 섬기고 우상숭배하며 하나님을 떠나 살면 반드시 하나님께서 징계하시고 어려움을 주어 다시금 돌이켜 하나님을 섬기게 하시는 것입니다.

그래서 모든 전쟁도 역시 하나님께서 주관하시며, 이스라엘을 붙들고 계시며, 보호하고 계심을 이스라엘 백성들이 익히 잘 알고 있는 것도 사실입니다.

그런데 사람들은 형편과 처지가 어려워지고 문제를 만나면, 낙심하고 당황하며 하나님을 먼저 바라보지 못하고 좌절하고 마는 경우를 종종 보게 됩니다.

이스라엘 사람들도 마찬가지입니다. 사울왕을 비롯하여 온 백성이 하나님을 바라보기는커녕 골리앗이라는 문제를 바라보고 낙심하고 두려워하며 떨었던 것입니다.

이럴때 어떤 사람이 가장 현명한 사람입니까? 그렇죠! 하나님을 바라보고 하나님을 의지하는 사람이 바로 가장 현명한 사람입니다.

정말 기막힌 장면이 그것을 증명하고 있습니다. 사무엘상 17장 32절에 골리앗과 싸우겠다고 하는 다윗을 사람들이 사울왕에게 데려왔습니다. 그러자 다윗이 사울왕에게 가장 먼저 한 말이 무엇입니까?

"다윗이 사울에게 고하되 그를 인하여 사람이 낙담하지 말 것이라."

다윗의 이 말이 무엇을 의미합니까? 그 말의 뜻은 이렇습니다.

"사울왕이여. 골리앗은 아무것도 아닙니다. 하나님도 믿지 않는 이방민족의 한낱 보잘 것 없는 장수에 불과 할 뿐입니다."

하나님 보시기에는 허수아비에 불과하다는 것입니다. 허우대만 멀쩡하면 뭐 합니까? 그 속에 능력으로 역사하시는 하나님이 없다면 짐승과 다르게 무엇입니까? 그것을 보지 못하는 사람들은 눈에 보이는 현상만을 보고 상황을 판단하고, 세상의 기준을 따라가는 것입니다.

이스라엘의 왕인 사울도 하나님을 믿고 따르며, 하나님을 의지하고 나아가는 것이 아니라 그렇게 자기 눈에 비친대로 골리앗이라는 허상을 보고 지레 겁에 질려버렸던 것입니다.

작은 목동이 이스라엘의 사울왕을 위로합니다

그러니 소년 다윗이 도리어 이스라엘의 왕을 위로하는 웃지 못할 장면이 연출되고 있는 것입니다. 왕이 백성을 위로하고, 왕이 다윗을 안심시켜야 하는데 상황이 거꾸로 되었습니다. 믿음이 없는 사울왕을 믿음이 있는 소년 목동 다윗이 위로하고 안심시키고 있는 것입니다.

그럼에도 불구하고 계속해서 사울은 믿음의 눈으로 사태를 바라보지 못하고 다윗에게 골리앗과 싸우지 말도록 인간적인 조건들만 열거하고 있습니다.

그에 맞서서 다윗은 하도 답답하니까 자기의 경험들을 예기하고, 결정적으로 그것은 하나님의 능력으로 될 것이라고 사무엘상 17장 37절에 확정지어 말하고 있습니다.

그렇다면 또 하나의 문제는 무엇입니까?

다시 한 번 37절의 말씀을 보시겠습니다. 사울왕이 다윗을 보내며 하는 말이 있습니다.

"다윗에게 이르되 가라 여호와께서 너와 함께 계시기를 원하노라"

여러분은 이 구절을 읽고 느낀 것이 무엇입니까? 어떤 이상한 점을 발견할 수 있습니까? 생사를 다투는 전쟁터에 누가 가야 하겠습니까? 어린 소년입니까? 아니면 장군이나 왕입니까?

다윗이 그렇게 사울왕에게 하나님의 믿음에 대해 예기해서 사울이 깨달았다면 자신이 가야지 다윗을 보내는 것이 옳습니까? 왕이 이 사태를 책임지고 자신이 나서서 해결하려고 하는 의지를 보이는 것이 중요한 리더십을 행사하는 것입니다.

또한 하나님을 믿는다고 하면 다른 사람을 보낼 것이 아니라 자신이 확신을 가지고 나가면 될 것을, 그렇게 하지 않는다는 것은 아직도 하나님에 대한 확신이 없다는 것을 나타내는 것이라고 볼 수 있습니다.

더 나아가서 그 어린 소년 다윗을 전쟁터로 보내는 것이 불안하고 미안한 마음이 들었던지 사울왕은 자신의 투구와 갑옷과 칼을 차보게 합니다마는 그것이 잘 맞을 리가 없지요.

하나님을 잊어버리면 이렇게 리더십도 잃어버리게 되고, 용기도 잃어버리고, 부끄러운 일도 서슴지 않고 저지르게 되는 것입니다.

작은 목동이 드디어 거인 골리앗을 잡았습니다

그와 반면에 다윗의 태도는 분명합니다. 하나님을 의지하고 나아가며, 두려움이란 찾아 볼 수 없습니다. 적장 골리앗을 대적하는 무기는 빈약하기 짝이 없습니다. 사무엘상 17장 40절을 보면 손에 막대기를 잡고, 시내에서 매끄러운 돌 다섯을 골라 담고, 물매를 가진 것이 전부였습니다. 아주 중요한 전쟁을 하러 나온 사람치고는 웃음거리 밖에 되지 않는 무기였습니다.

그것을 본 골리앗이 다윗을 조롱합니다. "네가 나를 개로 여기고 막대기를 가지고 내게 나와왔느냐?"고 할 정도입니다(삼상 17:43). 사실 다윗은 골리앗을 개로 여기지는 않았겠지만, 골리앗이 스스로 개 취급을 받았다는 느낌이 들었을지도 모르는 일이었습니다. 그럼에도 불구하고 다윗은 당당하게 골리앗에게로 나아갑니다.

그렇게 어이없는 상황을 맞아 화가 난 골리앗은 이방신들의 이름으로 다윗을 저주하고 승리를 호언장담하며 다윗의 기를 죽이려고 합니다.

그런데 다윗은 도리어 기가 죽기 보다는, 골리앗이 다윗에게 저주하며 한 말을 골리앗에게 똑같이 해주면서 이 전쟁은 오직 여호와께 속하였으며, 하나님께서 이기게 하신다는 것을 분명하게 말하면서 물맷돌을 던져 골리앗을 쓰러트리게 됩니다. 눈 깜짝할 사이에 역사적인 결투는 끝나고 말았습니다.

우리는 작은 성도지만 크신 하나님을 봅니다

하나님께서 함께 하신다는 것을 믿고 확신한다면 우리에게는 두려움이 있을 수 없습니다. 하나님이 내 편이시라면 누가 감히 우리를 대적하겠습니까?

세상에 살면서 당하게 되는 어떤 어려움이나 환난이 와도 주님께서 나와 함께 하신다면 천국의 소망으로 살 수 있지 않겠습니까?

그래서 사도바울도 로마서 5장 3-4절에 기록하기를 "다만 이뿐 아니라 우리가 환난 중에도 즐거워하나니 이는 환난은 인내를, 인내는 연단을, 연단은 소망을 이루는 줄 앎이로다"라고 하셨던 것입니다.

성령 충만하면 우리가 무엇을 두려워하겠습니까? 성령 충만하면 우리에게 어떤 문제가 와도 능히 이길 수 있다고 하는 것은 이미 다윗을 통하여 우리에게 확인시켜 주신 것입니다.

성령 충만하기 전의 사도들의 모습은 너무도 연약했습니다. 자신들의 선생인 예수님을 잡아 죽인 유대인들을 두려워하여 문들을 안으로 걸어 잠그고 기도해야 했습니다.

그러나 성령의 충만함을 받고 난 후에는 전혀 다른 사람들이 되었습니다.

전도하다가 공회에 잡혀가서 전도 금지령을 받았음에도 불구하고 사도행전 4장 19-20절에 보면 "베드로와 요한이 대답하여 가로되 하나님 앞에서 너희 말 듣는 것이 하나님 말씀 듣는 것보다 옳은가 판단하라. 우리는 보고 들은 것을 말하지 아니할 수 없다 하니"라고 자신들의 신앙을 굽히지 않는 것을 봅니다.

성령 충만하면 죽음이 두렵지 않습니다. 환경이 문제가 되지 않습니다. 조건과 형편이 자신을 가로막지 못합니다.

우리에게 문제가 문제입니까? 환경이 문제입니까? 돈이 문제입니까? 가장 중요한 문제는 우리에게 하나님이 계신가? 안 계신가? 하는 문제입니다. 다시 말해서 '성령 충만한가? 아닌가?'가 가장 중요한 문제입니다.

닫힌 문을 여는 데는 다른 어떤 것도 필요 없습니다. 오직 그 문에 맞는 열쇠 하나만 있으면 되는 것입니다. 그것은 마치 다윗이 골리앗을 맞아 싸우러 갈 때에 물맷돌 하나만이 필요했던 것처럼 말입니다.

당신은 지금 성령으로 충만함을 확신하십니까?

오직 주님만이 내 마음의 왕좌를 차지하고 계십니까?

요즘에도 어떤 어려운 일이 생기면 "이건 다윗과 골리앗의 싸움이야" 하면서 가볍게 비교하고 낙심하고 맙니까? 결과가 너무도 뻔하기 때문에 오히려 더 마음 편하게 좌절하고 포기하고 맙니까?

아니면 "이건 다윗과 골리앗의 싸움이야" 하면서 다윗을 생각하면서 성령 충만하여 문제를 이기십니까?

모든 문제는 생각하기 나름이라는 말도 있습니다. 선택은 자유지만 결과는 자신이 책임져야 하는 것임을 잊지 마세요. 아울러 하나님은 지금도 살아계셔서 우리와 함께 하신다는 것도 잊지 마세요.

어떤 교회 외벽에 다음과 같이 기록된 말씀을 보고 용기를 얻은

적이 있습니다.

"오라! 내가 너희를 쉬게 하리라. 가라! 내가 너희와 함께 하리라."

얼마나 간결하면서도 힘이 되는 말씀인지 모릅니다.

우리 주님은 우리와 함께 하시되 하루 이틀이 아니라 세상 끝 날까지 항상 함께 하시겠다고 약속하고 계시는 것을 믿으시기 바랍니다(마 28:20).

지금도 골리앗 앞에 믿음으로 서 있는 당신을

우리 주님께서 응원하십니다.

05

준비된 자를 쓰시는 하나님

블레셋 사람이 일어나 다윗에게로 마주 가까이 올 때에 다윗이 블레셋 사람에게로 마주 그 항오를 향하여 빨리 달리며 손을 주머니에 넣어 돌을 취하여 물매로 던져 블레셋 사람의 이마를 치매 돌이 그 이마에 박히니 땅에 엎드러지니라 다윗이 이같이 물매와 돌로 블레셋 사람을 이기고 그를 쳐 죽였으나 자기 손에는 칼이 없었더라(삼상 17:48-50).

준비된 자를 쓰시는 하나님

앞장을 통하여 우리는 골리앗의 칼과 창과 단창을 다윗이 믿고 의지하는 하나님의 이름이 이겼다는 것을 보았습니다.

실제로 사무엘상 17장 45-47절은 이스라엘은 하나님의 군대이며 하나님께서 함께 하심으로 승리할 것을 확신하는 다윗의 고백으로 가득 차 있습니다.

> 다윗이 블레셋 사람에게 이르되 너는 칼과 창과 단창으로 내게 오거니와 나는 만군의 여호와의 이름 곧 네가 모욕하는 이스라엘 군대의 하나님의 이름으로 네게 가노라 오늘 여호와께서 너를 내 손에 붙이시리니 내가 너를 쳐서 네 머리를 베고 블레셋 군대의 시체로 오늘날 공중의 새와 땅의 들짐승에게 주어 온 땅으로 이스라엘에 하나님이 계신줄 알게 하겠고 또 여호와의 구원하심이 칼과 창에 있지 아니함을 이 무리로 알게 하리라 전쟁은 여호와께 속한 것인즉 그가 너희를

우리 손에 붙이시리라(삼상 17:45-47).

다윗의 승리의 배후에는 하나님이 계시며, 하나님께서 이기게 하셨다는 것을 의심할 여지가 없습니다. 여기까지는 우리가 많이 들어왔고, 별 생각 없이 다윗과 골리앗의 싸움에 대한 결말로 알고 있으며, 다윗의 믿음에 대해서 경의로움을 나타내곤 하였습니다.

그래서 많은 사람들이 다윗을 말할 때 "다윗의 믿음을 본 받아야 돼"라고 하는 말은 수없이 많이 들어 봤어도 "다윗과 같은 실력을 갖춰야 돼"라는 말을 거의 들어 본 적이 없는 것으로 기억이 됩니다.

그렇게 우리는 다윗의 믿음을 본받아야 한다는 것에 모든 초점을 맞추고 결론을 내리면 별 다른 갈등이 생기지 않습니다.

다윗의 믿음과 실력 중에서 무엇을 택하시겠습니까?

그런데 한 가지 생각해 볼 문제가 있습니다. 하나님께 대한 믿음만 있으면 모든 문제가 끝납니까? 믿음만 있으면 모든 문제가 해결됩니까?

다음 질문에 대해서 여러분은 어떻게 생각하십니까?

Q. 다윗이 물맷돌을 던졌는데 실력이 좋아서 정확하게 골리앗의 이마에 맞았다. 예, 아니요 둘 중에 하나를 선택해야 한다면 여러

분은 어느 쪽입니까?

다윗의 실력이 좋아서라고 하면 믿음이 없어 보이기도하고, 아니요 라고 하면 뭔가 좀 허전해지는 느낌이 듭니까?

아니면 하나님께서 도우셔서 골리앗의 이마에 맞게 하셨다. 아니면 다윗의 실력도 좋았고 하나님께서도 도우셔서 골리앗의 이마에 맞게 하셨다고 양자를 다 취하시겠습니까? 여러분은 어느 쪽입니까? 약간의 갈등이 생기셨나요?

일반적인 상식으로 생각한다면 다윗의 실력이 좋아서라고 해야할 것이고, 믿음으로 말한다면 하나님께서 골리앗의 이마에 맞게 하셨다고 대답하는게 정답이라고 생각하실 것입니다.

어떤 분들은 수십 년 동안 아무렇지 않게 생각하고 다윗에 대해 들어 왔는데, 막상 이렇게 질문을 하니 혼란스럽기까지 하실 수도 있을 겁니다.

그럴 의도로 질문한 것은 아닙니다만 본의 아니게 그렇게 생각되셨다면 조금만 참으시고 새로운 진리를 발견하시기를 바랍니다.

그렇다면 이제 다윗이 어떻게 믿음으로 물맷돌을 사용하여 골리앗을 이겼는지, 그것도 다윗이 물맷돌을 던졌는데 다른데도 아니고 정확하게 골리앗의 이마에 박혀서 골리앗이 쓰러지게 된 배경은 무엇인지를 생각해 보기로 하겠습니다.

다시 봐도 골리앗 장군은 이기기 힘듭니다

우선 골리앗에 대해서 살펴 볼 필요가 있습니다.

> 블레셋 사람의 진에서 싸움을 돋우는 자가 왔는데 그 이름은 골리앗
> 이요 가드 사람이라 그 신장은 여섯 규빗 한 뼘이요 머리에는 놋투구
> 를 썼고 몸에는 어린갑을 입었으니 그 갑옷의 중수가 놋 오천 세겔이
> 며 그 다리에는 놋경갑을 쳤고 어깨 사이에는 놋단창을 메었으니 그
> 창자루는 베틀 채 같고 창날은 철 육백 세겔이며 방패 든 자는 앞서
> 행하더라(삼상 17:4-7).

앞장에서도 설명 드린 바와 같이, 골리앗은 그야말로 빈틈이 없
이 완전무장한 상태입니다. 키는 거인이고, 몸에는 갑옷을 입었으
며, 다리에는 놋경갑을 쳤고, 어깨 사이에는 놋단창을 메었고 방패
로 또 앞을 가렸습니다.

특별히 머리에는 놋투구를 썼다고 기록되어 있습니다. 아마 이마
는 보이지 않았거나 보여도 아주 조금 보일락 말락 할 정도였을 것
으로 생각됩니다.

요즘의 실력 좋은 저격수가 총을 쏜다 해도 아주 신중을 기해서
조준해야 겨우 이마를 맞출 수 있는 그런 무장을 한 모양이 골리앗
의 놋투구를 쓴 무장입니다. 그래서 사울도 싸우러 간다는 다윗을

자! 그럼 마음의 긴장을 늦추지 마시고 위의 본문을 보시면서 다음 문제를 생각해 봅시다.

Q. 골리앗이 마주 가까이 올 때에 다윗은 그 항오를 향하여 어떤 행동을 취합니까?

Q. 손을 주머니에 넣어 뭘 꺼냅니까?

Q. 그 다음에는 돌을 취하여 어떻게 합니까?

본문에서 정답을 찾아 보셨나요?

다윗은 대략 세 가지 행동을 한꺼번에 실행하고 있습니다. 골리앗을 행해 달려가면서 물맷돌을 꺼내 장전하고 던지기까지의 일들을 연속적으로 실행하고 있는 것을 발견할 수 있습니다. 그야말로 서부영화의 명장면을 보는 듯한 착각을 일으키게 합니다.

싸우러 가기 전에 제자리에 서서 미리 물맷돌을 정전하고, 심호흡을 하고 조준을 하고, 신중하게 던져도 맞추기 어려운 상황에서 다윗은 달려가면서 장전하고 발사하는 놀라운 실력을 유감없이 보여주는 것입니다.

저는 서부영화도 좋아하고, 액션 영화도 좋아합니다. 그래서 영화에서 주인공들이 총 쏘는 것도 많이 봤습니다. 그런데 이렇게 움직이는 표적을 다윗처럼 물맷돌 즉 총을 잘 쏘는 사람은 그렇게 보기 드뭅니다.

군사학적으로 본문의 상황을 정리해 본다면 다음과 같이 추리할 수 있습니다. 다윗이 물맷돌을 미리 꺼내 장전도 하지 않았다는 것은 자신감을 나타낸 것이며, 달려가면서 장전했다는 것은 골리앗을 혼란하게 하고 공격할 틈을 주지 않으려 함이고, 그렇게 움직이는 목표를 맞출 수 있었다고 하는 것은 자로 잰 듯한 컴퓨터적인 목표물 포착이라고 확정지을 수 있겠습니다.

다윗이 골리앗을 제압한 것은 다윗의 믿음과 함께, 그동안 갈고 닦은 실력이 있었기에 가능한 일이라는 것을 우리는 다시 한 번 의심할 여지없이 실감했습니다.

가능성을 가로막는 걸림돌은 선입관입니다

이제 여러분은 훈련의 중요성을 느끼셨습니까? 여러분 중에서 어떤 일을 하다가 잘 안되어서, 또는 어떤 일을 해 보시지도 않고 지레 겁을 먹고 '나는 그 일에 대해서 달란트가 없나봐'라고 하시면서 포기하신 적이 있으십니까? 그것은 달란트가 없어서 잘 하지 못하는 것이 아니라 안 해봐서 못하는 것입니다. 다시 말씀드리자면 많이 안 해서, 충분히 숙달되지 않아서, 훈련되지 않아서 못하는 것뿐입니다.

누구나 무슨 일이든지 달란트가 없어서 못하는 경우는 극히 드문 일일뿐이라는 것을 기억하시기 바랍니다. 하나님께서는 우리를 창조하실 때 그저 그런 사람으로 살아가도록 창조하시지 않으셨다는 것을 믿으시기 바랍니다.

제자는 태어나는 것이 아니고 훈련으로 만들어집니다. 누구나 훈련받으면 하나님 앞에 유용하게 쓰임 받을 수 있다고 하는 것을 믿고 최선을 다해서 노력하면 반드시 잘 할 수 있게 됩니다.

수많은 목회자들과 성도들이 생전에 한 번도 전도를 안 해 봤지만, 전도 훈련을 받고 4영리를 외우고 현장에 나가서 전도하면서 사명을 발견하고 평신도 사역자가 되기도 하고, 신학교를 가서 목회를 하고, 선교사가 되는 것을 수없이 봤습니다.

전도는 달란트로 하는 것이 아닙니다. 사명으로 하는 것입니다. 믿음으로 하되 전도 훈련을 받으시면 더욱더 잘 할 수 있습니다. 훈련되지 않은 그리스도인은 불신자를 만났을 때 능동적이며 효과적으로 대처하기 어렵습니다.

전도 훈련을 하다보면 나이 드신 성도님들을 만날 때가 종종 있습니다. 그 분들 중에서 어떤 분들은 "나는 나이가 들어서 외워도 돌아서면 금방 잊어버려요" 그럽니다.

그런 분들은 포기해야 할까요? 절대 그렇지 않습니다. 그분들조차도 노력하면 됩니다. 나이가 중요한게 아닙니다. 의지를 드려서 얼마나 노력하느냐 그것이 중요한 것입니다.

실제로 나이 많으신 권사님들도 4영리를 다 외우신 분들이 많다는 것이 그 사실을 증명해주고 있습니다.

저를 따라서 크게 한 번 외쳐보시기 바랍니다.

"내 나이가 어때서, 전도하기 딱 좋은 나인데……."

나이는 숫자에 불과합니다. 환경과 경험은 핑계에 불과합니다. 해병대처럼 안 되면 되게 하고, 그래도 안 되면 될 때까지 하면 왜 안되겠습니까? 오죽하면 세상 사람들도 긍정적인 마음을 갖기 위해서 노래를 만들어 부릅니다. "안 되는 일 없단다 노력하면은 쨍하고 해 뜰 날 다가온다."

그렇게 노력하면 안 될 일이 없습니다.

모든 것을 하나님께서 하십니다

그리스도인들이 툭하면 잘 하는 말이 있습니다. 무슨 일을 하다가 안 되면 "이건 그만 하라는 하나님의 뜻인가?" 그러면서 너무도 쉽게 포기합니다.

하지만 그건 아니죠!

그렇게 연약해서는 이룰 수 있는 것이 없습니다. 때로는 하나님께서 우리의 믿음을 강하게 하시려고 훈련시키시는 것 일수도 있다는 것을 생각하고, 다시 한 번 믿음으로 도전하고 나아가는 것이 필요합니다. 그러면 하나님의 때가 되면 하나님께서 이루실 것입니다.

달란트가 있어서 잘 할 수 있으면 뭐가 아쉽겠습니까? 그러나 우리가 하려고 하는 일의 99%는 비록 달란트가 없다 해도 노력하면 누구나 할 수 있는 일입니다.

자동차 운전을 할 줄 아십니까? 그렇다면 비행기 조종도 가능합니다. 비행기 조종이 가능하다면 우주선도 조종할 수 있습니다. 안 해보고, 더 나아가 해 볼 수 있는 기회가 주어지지 않아서 그렇지요. 훈련만 받으면 얼마든지 가능한 일들입니다.

할 수 있다 하신 이는 나의 능력 주 하나님이라는 복음송이 있습니다. 그것을 인생의 주제가로 삼고 오늘부터 새롭게 도전해 보시겠습니까?

> 다윗이 블레셋 사람을 향하여 나감을 사울이 보고 군장 아브넬에게 묻되 아브넬아 이 소년이 뉘 아들이냐 아브넬이 가로되 왕이여 왕의 사심으로 맹세하옵나니 내가 알지 못하나이다 하매 왕이 가로되 너는 이 청년이 누구의 아들인가 물어보라 하였더니(삼상 17:55-56).

준비된 자를 하나님은 쓰십니다. 아무도 알아주지 않고, 누구도 몰라봤던 무명의 청년 다윗이 이스라엘의 왕에게 발탁되고, 더 나아가서 이스라엘의 왕이 되었던 것은 결코 우연히 되어진 일이 아닙니다.

하나님께 다윗처럼 쓰임 받게 될 영광의 순간을 기대하면서 내일을 위해 오늘을 준비하며 산다면 하나님께서 반드시 들어 쓰실 것을 확신합니다.

순례자의 길 같은 인생을 살면서 골리앗 같은 문제를 만나고 고난이 온다 할지라도 두려워하지 마시고 강하고 담대하시며, 낙심하며 실망치 마시기 바랍니다.

하나님께서 지혜를 주시고,

환경을 열어 주셔서 믿음으로 승리하게 하실 것을 믿고 우리 함께 이 길을 갑시다.

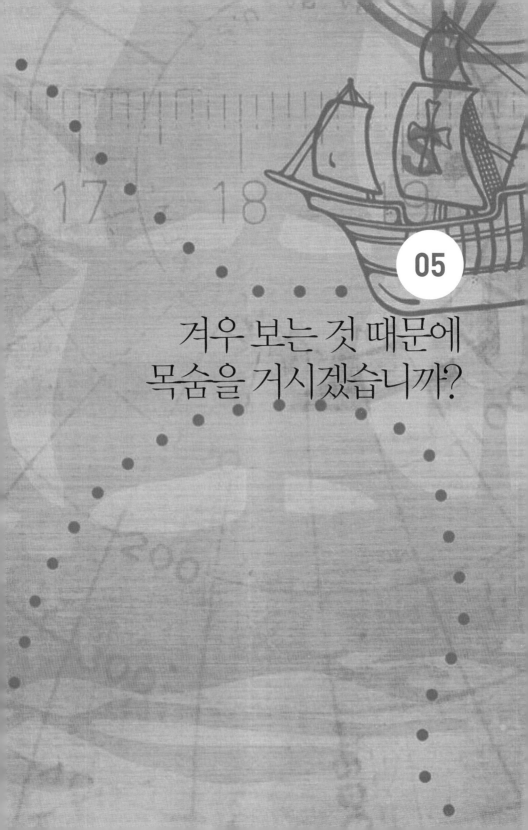

05

겨우 보는 것 때문에
목숨을 거시겠습니까?

만일 네 오른눈이 너로 실족케 하거든 빼어 내버리라. 네 백체 중 하나가 없어지고 온 몸이 지옥에 던지우지 않는 것이 유익하며, 또한 만일 네 오른손이 너로 실족케 하거든 찍어 내버리라. 네 백체 중 하나가 없어지고 온 몸이 지옥에 던지우지 않는 것이 유익하니라(마 5:29-30).

겨우 보는 것 때문에
목숨을 거시겠습니까?

구약의 말씀으로만 기록되신 예수님께서 실제로 보여주신 신약에서의 그 삶은 실로 충격적이라고 할 만큼 놀라운 것이었습니다.

그의 탄생은 인간의 상식과 법칙을 뛰어넘어 초자연적이었으며, 그의 가르침은 유대인들의 고정관념을 깨기에 부족함이 없었습니다. 그의 순수한 삶은 파격적이었으며, 언행일치의 행동들은 빈틈이 없었습니다.

그래서 사람들에게 보이려고 겉치레에 여념이 없었던 외식하는 서기관들과 바리새인들에게는 반석을 쳐서 부스러뜨리는 방망이 같은 말씀을 불같이 내리시고(렘 23:29), 소외되고 병든 자, 죄인과 여자와 어린아이들에게는 새로운 소망을 주시고 그들의 아픔을 민망히 여기시면서 눈물을 흘리시는 한없는 사랑을 보이시기도 하셨습니다 (요 11:35).

또한 예수님의 새로운 가르침은 구약의 율법과 조화를 이루며, 삶의 행동지침들을 명쾌하게 제시하였습니다. 하나님의 완벽한 계명들은 예수님의 말씀 속에서 재해석되고, 심령을 찔러 쪼개는 인격적인 새 계명으로 사람들의 마음에 자리 잡았습니다.

에이! 아무리 그래도 그렇지

오늘도 예수님께서는 산에 올라가 앉으시고 금보다 더 귀한 천국 복음을 제자들에게 가르쳐 주시는데 어째 좀 분위기가 심상치 않습니다.

우리가 알기로도 예수님께서는 긍휼을 베푸시기를 원하시며, 죄인을 부르러 오셨다고 하셨으며, 간음하다 현장에서 잡힌 여인을 용서하시기도 하셨는데, 오늘은 제자들의 마음이 심쿵하도록 그야말로 돌직구를 날리시고 계십니다.

다음의 본문을 읽고 느끼신 점을 솔직하게 대답해 보시기 바랍니다.

> 만일 네 오른눈이 너로 실족케 하거든 빼어 내버리라 네 백체 중 하나가 없어지고 온 몸이 지옥에 던지우지 않는 것이 유익하며 또한 만일 네 오른손이 너로 실족케 하거든 찍어 내버리라 네 백체 중 하나가 없어지고 온 몸이 지옥에 던지우지 않는 것이 유익하니라(마 5:29-30).

Q. 어떤 마음이 드셨습니까?

Q. 여러분은 눈이 다 있습니까?

Q. 또한 여러분은 손이 다 있습니까?

Q. 여러분의 눈이나 손이 그대로 있으시다면 여러분은 죄를 짓지
   않으셨습니까?

Q. 아니면 죄를 짓고도 예수님의 말씀에 순종하지 않으셨습니까?

이대로 지옥에 간다는 것은 말도 안 되고, 그렇다고 눈을 빼고 손을 자르기도 어렵고, 참 난처하고 어떻게 할 수 없는 딜레마에 빠지셨나요? 그런게 아니라 바~로 시험에 들어 버렸다고요?

예수님을 모르고 교회에 안 다닐 때에는 죄를 지어도 눈 빼고, 손자르라는 말은 없어서 마음은 편했는데 괜히 예수님 믿었다 싶은 생각이 들 정도라고요?

아무리 그래도 가만히 생각해 보세요. 눈 하나 없어도 지옥 가는 것 보다 천국 가는게 좋다고 하시잖아요.

'에이! 무슨 말씀을, 아무리 그래도 그렇지 그것은 죽은 다음에 있을 일이잖아요' 하시면서 지금은 여전히 왕 부담이 되는 마음은 어쩔 수 없으시나요?

실제로 오리겐 같은 신학자도 얼마나 삶에 대해 갈등이 있었으면, 예수님의 말씀대로 살려고 자기 스스로 거세를 해 버리고 경건한 삶을 살았다는 이야기도 전해지고 있습니다.

아! 그런데 잠깐 잠깐만요. 지금 눈 빼고 손을 자르라는 말이 아닙니다. 참 성질도 급하시네요. 아무리 그래도 이 글은 다 읽어야 할 게 아닙니까?

자! 마음을 가라앉히시고 제가 드리는 질문에 대답이나 해 보세요.

Q. 그렇게 오른 눈을 빼고, 오른 손을 자른다고 죄 안 짓게 되나요?

3초 정도의 여유를 드리겠습니다.

Q. 죄 짓는다? 안 짓는다?

그래도 죄 짓는다에 대부분 손 드셨을 겁니다. 왜 그렇죠. 육신을 가진 우리 인간들은 연약하기에 죄 안 짓고 살아 갈 수 없는 존재들인 것을 우리가 너무도 잘 알기 때문에 그렇죠.

사실 도박하는 사람들의 예기가 도박을 안 하려고 손가락을 잘랐는데 그래도 도박을 못 끊어서 남은 손가락으로 도박을 했다는 예기도 들었습니다.

오른 눈이 죄 지어서 빼어내고 왼 눈도 죄 지어서 빼내고, 오른손 왼손 다 잘라내면 뭐가 남습니까? 예수님은 그렇게 우리가 되기를 원하실까요? 아마도 그렇지는 않을 겁니다.

이제 조금씩 안심이 되시나요? 그럼 한 가지 더 질문을 드리도록 하겠습니다. 잘 생각해 보시고 대답해 보세요.

Q. 오른 눈이 죄를 짓고, 오른 손이 죄를 짓는데 눈이나 손이 문제입
  니까? 아니면 마음이나 생각이 문제라고 생각하십니까?

"그거야 당연히 마음이 문제지요."

어유! 너무도 크게 말씀하시는 바람에 귀청이 떨어지겠어요. 얼
굴에 화색이 도는게 이제 조금씩 마음에 평안을 찾는 것 같습니다.

그렇죠! 당연히 눈이나 손보다 마음이나 생각이 문제죠. 사람이
살아가는데 모든 문제는 마음먹기에 달려있다는 겁니다. 눈이나 손
은 그저 마음이 시키는 대로 했을 뿐이고, 사실 죄는 마음이 지은 겁
니다.

사실 죄 지을 때마다 눈을 빼고, 손을 자르고 한다면 나중에 남는
것은 몸통 밖에는 없을 겁니다. 그런다고 죄 지을 마음이 사라집니
까? 우리의 육체가 죽어지지 않는 이상 죄를 지을 생각이나 부패한
마음은 사그라지지 않을 겁니다.

창세기 6장 5-6절에서도 말씀하시기를 "여호와께서 사람의 죄악
이 세상에 관영함과 그 마음의 생각의 모든 계획이 항상 악할 뿐임
을 보시고 땅위에 사람 지으셨음을 한탄하사 마음에 근심하시고"라
고 까지 말씀하셨습니다.

또한 전도서 7장 20절에서도 "선을 행하고 죄를 범치 아니하는 의인은 세상에 아주 없느니라"고 단언하고 있습니다.

그것을 보건대 죄를 짓는 것은 눈과 손이 아니라 그 눈과 손을 통해서 죄를 짓게 하는 마음인 것을 우리는 너무도 잘 알 수 있습니다.

그럼에도 불구하고 죄를 짓거든 네 눈을 빼내 버리고, 네 손을 잘라 버리라고 말씀하신 것은, 죄에 대해서만큼은 마음을 단단히 먹고 단호한 태도를 취하라는 말씀인 것입니다.

다시 말씀드리자면 죄악된 나쁜 것을 봤을 때, 또는 손이 죄를 지으려고 할 때 잠깐만 생각해 보세요.

"아! 내가 죄를 지으면 눈을 빼고, 손을 잘라야 돼"라고 생각한다면 아무도 더 이상 죄 지을 생각을 하지 않을 것입니다.

그럼에도 불구하고 죄를 짓는다면 그것은 양심이 화인 맞아서(딤전 4:2) 하나님의 법을 떠나 악한 영들의 꾀를 쫓는 무지한 것입니다. 그렇게 계속해서 죄를 짓고 하나님의 말씀을 따라 회개하지 않는다면 결국에는 예수님께서 말씀하신대로 지옥에 갈 수 밖에 없을 겁니다.

마음은 우리 몸의 중앙 제어 장치입니다

그렇다면 오늘 예수님께서 하신 말씀이 과연 어떻게 마음과 연결이 되는지를 알아보고 정리를 하는 의미에서 우리 함께 예수님의 말씀을 좀 더 들어 보기로 하시죠.

우선 오늘 본문이 마태복음 5장이니까 5장을 처음부터 차근차근 살펴보도록 하겠습니다.

예수님께서 처음에 가르치신 8복은 전체적으로 살펴보면 중요한 공통점을 발견할 수 있는데, 그것은 하나 같이 마음에 관한 것임을 알 수 있습니다.

3절의 심령이 가난함, 4절의 애통하는 자, 5절의 온유함, 6절에서는 의에 주리고 목마름, 7절의 긍휼히 여김, 8절의 마음이 청결함, 9절의 화평케 함, 10절에서는 의를 위하여 핍박을 받을 때 기뻐하고 즐거워하라는 마음에 관한 말씀들입니다.

그 다음에 등장하는 말씀들 역시 외형적이며 형식적인 겉치레의 삶을 넘어 마음 중심으로 우러나오는 진실한 사랑을 실천할 것을 교훈하는 것입니다.

21절의 미워함도 살인이고, 23절은 마음에 음욕을 품기만 해도 간음이며, 31절에서는 함부로 이혼하지 말고, 38절은 세상 사람들처럼 악을 악으로 대하지 말고, 44절에서 결론적으로 원수라도 사랑할 것을 말씀하고 계시는 것입니다.

예수님께서는 그렇게 계속 마음에 대해서 말씀하시다가 갑자기 죄 지으면 눈을 빼라고 단호하신 말씀을 하셨습니다. 그것은 여자를 보고 음욕을 품게 되는 최초의 관문인 눈에 대한 단호한 조치로서, 죄의 확산을 막기 위함이었습니다.

또한 눈은 보는 도구로서의 역할을 했을 뿐이며, 눈은 죄가 없고 원초적으로 마음이 죄를 지었는데 마음을 잘라 버려라 이렇게 말씀하시지 않으신 것은 마음은 잘라 버릴 수도 없고, 보이는 것이 아니기 때문입니다. 그럼에도 불구하고 계속해서 죄를 지으면 지옥에 갈 수 밖에 없다는 것을 경고하시는 말씀이라고 생각합니다.

그 구원의 말씀이 예레미야 4장 14절에 있습니다.

> 예루살렘아 네 마음의 악을 씻어 버리라 그리하면 구원을 얻으리라
> 네 악한 생각이 네 속에 얼마나 오래 머물겠느냐?(렘 4:14).

또한 잠언 4장 23절에서는 "무릇 지킬만한 것보다 더욱 네 마음을 지키라. 생명의 근원이 이에서 남이니라"라고 말씀하십니다.

그건 네 생각이고

그런데 한 가지 분명하게 짚고 넘어가고 싶은 일이 있습니다. 많은 신학자들이 성경을 연구하고 내린 결론은 위와 같고 저 또한 그것에 동의합니다마는 왠지 마음 한 구석에는 좀 뭔가 남아있는 듯 찜찜하네요.

그것은 아마도 예수님께서 말씀하신 것들을, 어떤 것들은 이렇게 해석하고, 또 어떤 것들은 저렇게 해석하면서 우리 인간들이 편리한

대로 해석하지 않는가 하는 생각이 퍼뜩 스쳐 지나가기 때문입니다.

오늘 본문에서 예수님께서는 다음과 같이 말씀하셨습니다.

> 만일 네 오른눈이 너로 실족케 하거든 빼어 내버리라. 네 백체 중
> 하나가 없어지고 온 몸이 지옥에 던지우지 않는 것이 유익하며 또
> 한 만일 네 오른손이 너로 실족케 하거든 찍어 내버리라 네 백체 중
> 하나가 없어지고 온 몸이 지옥에 던지우지 않는 것이 유익하니라
> (마 5:29-30).

혹시나? 혹시나?

예수님께서 오늘 우리에게 주신 말씀이 문자적으로 사실이고, 우리가 그대로 받아 들여야 한다면 어떻게 하겠는가? 하는 것입니다.

한편으로는 이런 생각도 듭니다. 목사인 나부터 죄 지으면 눈을 빼고 손을 자르기 싫으니까, 아니 그럴 수 없으니까 억지로 마음이라고 해석하지는 않았는지 두려운 마음이 드는 것입니다.

다시 말씀드리자면 변화되기 싫으니까, 그렇게 될 자신이 없으니까, 나약한 인간성을 핑계대면서 적당하게 타협하는 선에서 해석하여 마음을 지키자고 하는게 아닐까하는 두려운 생각이 드는 것입니다.

성경에 그런 종류의 말씀들이 얼마나 많이 있습니까? 그런 말씀들을 대할 때마다 '이것은 인간으로서는 도저히 불가능한 일이야!

이것은 영적으로 해석해야 돼'라고 하면서 합리화 시키지는 않는지 다시 돌아 볼 일입니다.

때문에 당연히 그러한 말씀들에 대하여 호불호가 분명하게 갈리는 것은 어쩔 수 없는 일이라고 생각합니다.

그럴 때마다 주님께서는 우리에게 '그건 네 생각이고', 성경의 모든 말씀을 사사로이 풀어서는 안 된다고 교훈하시는 것입니다(벧후 1:20).

그럼에도 불구하고 이것만은 그런 뜻이 아닐거야 하면서 조금은 마음을 위로해 보기도 합니다.

달콤한 유혹들이 많은 세상입니다

사실 우리가 세상에 살아가면서 눈과 손 등 육신을 통해서 죄에 빠지게 하는 유혹이 얼마나 많습니까? 그러한 유혹이 우리를 넘어뜨리지 못 하도록 늘 깨어 기도하고 경건한 삶을 살아가는 것이 중요하다고 생각합니다.

이제 마무리하기 전에 퀴즈를 하나 풀어보도록 하겠습니다.

Q. 우리에게 오는 유혹은 죄입니까? 아닙니까?

가만히 생각해 보면 죄 같기도 하고, 아닌 것 같기도 하고 좀 헷갈린다고요? 국어사전에는 유혹을 다음과 같이 정의하고 있습니다.

1. 꾀어서 정신을 혼미하게 하거나 좋지 아니한 길로 이끎.
2. 성적인 목적을 갖고 이성을 꾐.

신학적으로 본다면, 또 다른 의미에서의 유혹(temptation)은 '하나님의 뜻과 반대되는 최초의 느낌이나 생각'입니다. 따라서 유혹 자체는 죄는 아니라고 볼 수 있지만 그 유혹에 지속적으로 빠질 때 죄를 범하게 되는 것입니다.

또 한 가지 한글 성경에 유혹과 동일하게 기록된 또 하나의 시험은 시련 또는 테스트(test)라고 표현할 수 있습니다. 그것은 하나님께서 우리를 연단시키시는 중요한 도구로서 성도들이 이 세상을 살아갈 때 더 큰 믿음을 위하여 종종 겪게 되기도 합니다.

우리에게 유혹은 늘 있을 수 있습니다. 그리고 어느 누구나 유혹을 받을 수 있습니다. 그러나 그 유혹을 대하는 태도가 중요한 것입니다. 보디발의 아내의 유혹을 받았던 요셉은 그 유혹을 뿌리치고 도망쳤던 것처럼 단호하게 대처하는 것만이 유혹을 이길 수 있는 길입니다. 괜히 '나는 유혹에 강해'라면서 교만하지 마시기 바랍니다.

그렇게 강한 삼손도 결국에는 유혹하는 들릴라의 무릎위에서 자기의 마음을 지키지 못하여 머리카락이 잘린 것을 보세요.

사실 눈으로 보면서 즐길 수 있는 것들이 너무도 많고, 손으로 할 수 있는 세상 즐거움들과 발로 가보고 싶은 곳들이 우리 주위에 너무도 많은 세상에서 살고 있습니다. 한편으로는 편리하고 문명의 발전으로 누리는 혜택도 많아 졌습니다.

그러한 세상에서 살면서 '세상 것들을 보지도 말고 즐기지도 말라니 참 너무하네요'라고 마음 상하실지 모르겠지만 조금만 참으세요. 그것이 바로 세상의 온갖 유혹 속에서 경건한 믿음을 지키며 이 시대를 살아가면서 성도들이 겪는 '부분적인 순교'입니다.

때로는 선교지에서 불신자들의 손에 죽임을 당하는 순교도 거룩하지만, 넘쳐나는 자유 속에서 순간순간 죄악과 싸워 이겨 경건한 마음으로 믿음을 지켜가는 성도야 말로 참으로 살아있는 순교자인 것을 부인할 수 없습니다.

그렇게 조금만 참으세요. 상상도 못할 일이 눈앞에 펼쳐집니다. 뭐냐고요? 하나님께서 친히 사도 요한에게 보여주셔서 기록하게 하신 요한계시록에 기록된 대로 각종 보석으로 지어진 12개의 문들과 생명수가 흐르는 강가에 펼쳐진 황금길을 다니는 천국을 상상해 보신다면, 지금의 고생은 잠시 지나가는 과정일 뿐이라는 생각을 하시게 될 것입니다.

꿀팁 – 마음을 지키는 방법

그럼 죄악으로부터 자신의 마음을 지키는 몇 가지 방법을 나누어

보도록 하겠습니다.

1. 마음을 새롭게 함으로 변화된 삶을 사세요(롬 12:1-2).
2. 좋은 생각을 하시고 올바른 길로만 다니세요(시 1:1).
3. 틈만 나면 성경을 읽고 묵상하세요(시 1:2).
4. 나쁜 일은 폼도 잡지 마세요(살전 5:22).
5. 어쩔 수 없이 죄를 지었다면 즉시 회개하세요(행 3:19).

오늘도 차마 눈 뜨고는 못 볼 것들이 많은 세상에서 잘 견디셨죠? 아닌 게 아니라 볼게 너무 많은 세상이기도 합니다. 그것 때문에 여행을 관광(觀光)이라고도 합니다.

그래서 그런지 모든 죄악의 시작은 보는 것에서부터 시작된다고 해도 과언이 아닐 정도로 보는 것은 우리 삶에 큰 영향을 미치기도 합니다.

고속도로를 달리다 보면 운전하시는 분들에게 졸음운전 방지를 위하여 고속도로 공사에서 내건 현수막에 '겨우 졸음에 목숨을 거시겠습니까?'등 재미있는 문구가 보입니다.

하나님을 섬기는 우리도 겨우 보는 것, 손으로 행하는 것 때문에 온 몸이 지옥에 던져지게 되는 불행한 일이 있어서는 안되겠습니다.

마음, 내속에 있는 건데 내 맘대로 하기가 참 힘들 때가 많네요. 그렇죠? 비가와도 흔들리고, 눈이 오고 바람이 불어도 그렇고, 조금만 괴로워도 흔들리네요.

세상의 좋은 것들이 너무도 많아 나를 믿음에서 멀어지게 만들고, 보고 듣고 즐기는 것 때문에 연약한 육신은 죄와 더 친해지려는 것을 어쩔 수 없네요.

그럴 때 조용히 자신에게 물어 보세요.

Q. 지금 나는 성령 충만한가?
Q. 내 감정과 기분에 따라 살고 있는가?
Q. 말씀보다 내 형편, 내 상황에 따라 움직이고 있지는 않는가?

성령충만은 성령님께서 나를 지배하시도록 내 마음의 왕좌를 내드리는 것입니다. 그것은 내 인생의 주인이 주님이심을 인정하고 내 맘대로 살겠다는 생각을 버리는 것입니다. 내 인생에서 일어나는 아주 작은 일까지도 주님께 맡기고 모든 일을 할 때 순간순간 기도하면서 하나님의 뜻을 구하며 살아가는 삶입니다.

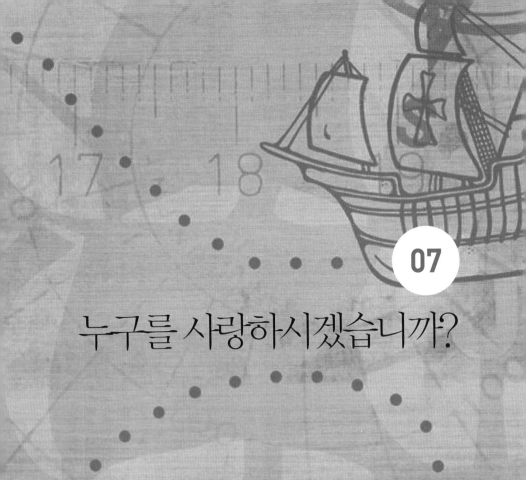

07

누구를 사랑하시겠습니까?

너희를 위하여 보물을 땅에 쌓아 두지 말라 거기는 좀과 동록이 해하며 도적이 구멍을 뚫고 도적질하느니라 오직 너희를 위하여 보물을 하늘에 쌓아 두라 거기는 좀이나 동록이 해하지 못하며 도적이 구멍을 뚫지도 못하고 도적질도 못하느니라 네 보물 있는 그 곳에는 네 마음도 있느니라 눈은 몸의 등불이니 그러므로 네 눈이 성하면 온 몸이 밝을 것이요 눈이 나쁘면 온 몸이 어두울 것이니 그러므로 네게 있는 빛이 어두우면 그 어두움이 얼마나 하겠느뇨 한 사람이 두 주인을 섬기지 못할 것이니 혹 이를 미워하며 저를 사랑하거나 혹 이를 중히 여기며 저를 경히 여김이라 너희가 하나님과 재물을 겸하여 섬기지 못하느니라 그러므로 내가 너희에게 이르노니 목숨을 위하여 무엇을 먹을까 무엇을 마실까 몸을 위하여 무엇을 입을까 염려하지 말라 목숨이 음식보다 중하지 아니하며 몸이 의복보다 중하지 아니하냐 공중의 새를 보라 심지도 않고 거두지도 않고 창고에 모아 들이지도 아니하되 너희 천부께서 기르시나니 너희는 이것들보다 귀하지 아니하냐 너희 중에 누가 염려함으로 그 키를 한 자나 더할 수 있느냐 또 너희가 어찌 의복을 위하여 염려하느냐 들의 백합화가 어떻게 자라는가 생각하여 보라 수고도 아니하고 길쌈도 아니하느니라 그러나 내가 너희에게 말하노니 솔로몬의 모든 영광으로도 입은 것이 이 꽃 하나만 같지 못하였느니라 오늘 있다가 내일 아궁이에 던지우는 들풀도 하나님이 이렇게 입히시거든 하물며 너희일까보냐 믿음이 적은 자들아 그러므로 염려하여 이르기를 무엇을 먹을까 무엇을 마실까 무엇을 입을까 하지 말라 이는 다 이방인들이 구하는 것이라 너희 천부께서 이 모든 것이 너희에게 있어야 할 줄을 아시느니라 너희는 먼저 그의 나라와 그의 의를 구하라 그리하면 이 모든 것을 너희에게 더하시리라 그러므로 내일 일을 위하여 염려하지 말라 내일 일은 내일 염려할 것이요 한 날 괴로움은 그 날에 족하니라(마 6:19-34).

누구를 사랑하시겠습니까?

　이 세상을 살아가는데 돈이 필요합니다. 그것은 그리스도인이든지 비 그리스도인이든지를 막론하고, 또한 잘 살고 못 살고를 떠나서 일상생활을 하는데 필요한 것입니다.

　그래서인지는 몰라도 믿는 사람이든지 그렇지 않든지를 막론하고 대부분의 사람들이 돈에 대해서 자유하며, 있는 것에 만족하며 살아간다는 것은 여간 힘들고도 어려운 일이 아닐 수 없습니다.

　그래서 많은 사람들이 돈을 어떻게 쓰는가를 보면 그 사람의 인격을 알 수 있다고도 합니다. 원베네딕트 선교사님은 "돈 벌어서 남 주라"는 파격적인 단어를 사용하여, 그리스도인으로 어떻게 살아야 하는지를 깨우치며 인생의 방향을 새롭게 제시하기도 하였습니다.

너희를 위하여 보물을 하늘에 쌓아두라고 하십니다

하나님께서는 무엇이 부족하신 분이 아닙니다.

> 또 무엇이 부족한 것처럼 사람의 손으로 섬김을 받으시는 것이 아니니 이는 만민에게 생명과 호흡과 만물을 친히 주시는 자이심이라(행 17:25).

오히려 우리 인간들에게 구원을 주시고 세상 만물을 친히 주시는 분이시라고 말씀하고 있습니다. 또한 이 세상의 모든 것이 다 하나님의 것이라고 말씀하고 계신 것을 볼 수 있습니다.

> 은도 내 것이요 금도 내 것이니라 만군의 여호와의 말이니라(학 2:8).

여기서 먼저 퀴즈를 하나 풀고 넘어가면 좋겠습니다.

Q. 보물을 하늘에 쌓아 두라고 하시는 말씀은 무엇을 의미합니까?

여러 가지 의미가 있겠죠? 그렇지만 전체적인 것을 생각해 본다면 모든 재물을 하나님의 영광을 위하여 사용하고, 하나님께서 기뻐하실만한 일에 사용하라는 의미라고 생각합니다.

그리스도인으로서 좋은 일, 착한 일 할데가 얼마나 많습니까? 그런 곳에 자기의 재물을 사용하라는 것입니다. 내가 피 땀 흘려서 번 돈이니까 내 맘대로 나를 위해서만 쓰겠다가 아니라, 남을 돕고 구제하며, 아름다운 사회 공동체를 만드는 일에 사용하는 것이 올바른 재정관이라고 봅니다.

그런데 왜 하나님께서는 우리에게 보물을 하늘에 쌓아 두라고 하시는 걸까요?

그것은 우리가 얼마나 하나님을 잘 섬기는가? 또한 우리가 하나님의 은혜를 알고 하나님께 얼마나 감사한 마음을 가지고 있는가는 알아보시고 더 많이 축복하시기 위한 것입니다.

그렇기 때문에 보물을 하늘에 쌓아두는 이유는 하나님을 위해서가 아니라는 겁니다.

예수님께서 본문에서도 말씀하시기를 "오직 너희를 위하여 보물을 하늘에 쌓아 두라"고 하셨습니다.

자! 그럼 한 가지 정리도 할 겸 퀴즈를 한번 풀어 봅시다.

Q. 그렇다면 교회에 드리는 헌금이 내 것입니까? 하나님의 것입니까?

대답하기 애매하시나요? 심히 갈등도 되시나요? 내가 땀 흘려 수고해서 벌었으니 내 것이 아닌가? 그렇게 생각이 되십니까?

자! 그럼 이쯤해서 정리를 해 보도록 하겠습니다.

우선 성경에서 그 해답을 먼저 보도록 하겠습니다.

또 두렵건대 네가 마음에 이르기를 내 능과 내 손의 힘으로 내가 이
재물을 얻었다 할까 하노라 네 하나님 여호와를 기억하라 그가 네게
재물 얻을 능을 주셨음이라 이같이 하심은 네 열조에게 맹세하신 언
약을 오늘과 같이 이루려 하심이니라(신 8:17-18).

누가 우리에게 재물을 얻을 수 있도록 하셨다고 기록하고 있습니
까?

그렇죠. 바로 하나님께서 재물 얻을 능을 주셨다고 말씀하고 있
습니다. 내 머리가 좋아서, 또는 내 사업 능력이 뛰어나거나 사업의
아이템을 잘 골라서 돈을 잘 벌고 성공한 것이 아니라는 말씀입니
다. 그것이야말로 "그건 네 생각이고"입니다.

그렇게 사업을 잘 해서 돈을 벌도록 하나님께서 지혜를 주시고,
건강을 주시고, 사업의 길을 열어 주셔서 잘 되었다는 것을 잊으시
면 안 되는 것입니다.

재물의 소유권은 누구에게 있습니까?

더 나아가서 생각해 볼 일이 있습니다. 우리는 죄로 인하여 죽었

던 사람들입니다(엡 2:1). 그런 사람들을 예수님께서 자신의 목숨을 드려 우리를 구원해 주셨습니다. 그리하여 우리는 그리스도 안에서 하나님의 것이며 하나님의 자녀로 거듭나게 되었습니다(고전 3:23).

다음의 성경 말씀을 보시겠습니다.

> 너희 몸은 너희가 하나님께로부터 받은바 너희 가운데 계신 성령의 전인 줄을 알지 못하느냐 너희는 너희의 것이 아니라 값으로 산 것이 되었으니 그런즉 너희 몸으로 하나님께 영광을 돌리라(고전 6:19-20).

Q. 그렇다면 여러분은 누구의 것입니까?

대답은 너무도 뻔하고 명확합니다. 그렇다면 구원 받은 우리가 하나님의 것인데, 우리의 자녀들은 누구의 것입니까? 우리의 자동차는? 우리의 집은? 우리의 물건들은 누구의 것입니까?

이 모든 것의 주인은 하나님이신데 하나님께서 우리에게 이 세상에서 사는 동안 이 모든 것들을 잠시 우리에게 위탁하셔서 잘 사용하도록 하신 것입니다. 그래서 우리를 하나님의 모든 것을 맡은 청지기라고도 하는 것입니다.

그래서 창세기 1장 28절에서도 하나님께서 천지를 창조하시고 사람을 만드신 다음에 아담에게 명령하시기를 "하나님이 그들에게 복을 주시며 그들에게 이르시되 생육하고 번성하여 땅에 충만하라, 땅을 정복하라, 바다의 고기와 공중의 새와 땅에 움직이는 모든 생물을 다스리라 하시니라"고 하신 것입니다.

이처럼 우리가 가진 모든 소유의 원주인을 알면 우리는 더 이상 소유권에 집착하지 않고 어떻게 잘 사용할 수 있는가에 초점을 맞추어 재물을 사용하게 되는 것입니다.

그러니까 교회에 드리는 헌금도 내 것입니까? 하나님의 것입니까? 이제는 분명하게 말씀하실 수 있으시죠?!

그렇습니다. 바로 그겁니다. 하나님의 것이죠. 나는 단지 심부름꾼에 불과하다는 것입니다. 그런데도 그것을 가지고 벌벌 떨면서 아까워하면 받는 분의 입장에서는 불쾌하죠. 더구나 하나님께 드리겠다 하고 슬쩍 짤라(?)먹으면 하나님께서 얼마나 괘씸해하시겠어요.

그래서 죽은 사람이 있어요. 누군지 아시겠어요? 에이 사도행전에 나오는 "아"씨 성을 가진 사람이 있잖아요. 그렇죠! 바로 사도행전 5장 1절부터 등장하는 아나니아와 그 아내 삽비라의 얘기잖아요.

사도행전 4장에서 보시면 사도들이 예수님의 부활을 증거할 때 많은 성도들이 큰 은혜를 깨닫고 자신들의 재산을 팔아 사도들에게 가져옵니다. 이때 아나니아와 삽비라도 자기들의 땅을 팔아 바치기로 작정하고 땅을 팝니다. 그런데 막상 땅을 팔아 돈을 손에 쥐게 되니 사단의 유혹으로 욕심이 생겨서, 땅 판 값의 일부를 감추고 헌금하게 됩니다.

그런데 베드로 사도에게 딱 걸렸습니다.

베드로가 가로되 아나니아야 어찌하여 사단이 네 마음에 가득하여
네가 성령을 속이고 땅값 얼마를 감추었느냐 땅이 그대로 있을 때에
는 네 땅이 아니며 판 후에도 네 임의로 할 수가 없더냐 어찌하여 이
일을 네 마음에 두었느냐 사람에게 거짓말 한 것이 아니요 하나님께
로다(행 5:3-4).

그리고 아나니아는 사단에게 속아 성령을 속인 죄로 즉사하고 맙
니다.

우리가 잘 알아야 할 것은 아나니아가 죽은 것은 절대적으로 헌
금을 적게 해서 죽은게 아닙니다. 사단에게 미혹되어 자신의 욕심으
로 하나님을 속였기에 죽은 것입니다.

흔히들 말하기를 "돈도 있어야 교회도 다니지"하시는 분들이 있
는데 그것은 오해입니다. 오히려 예수님께서는 지극 정성으로 헌금
하시면 동전 몇 개를 바쳐도 그것을 크게 보시는 분이십니다.

정말 내가 구원 받기를 간절히 원하고, 믿음으로 살기를 원하고,
이 세상의 재물보다 하나님을 더 사랑하기를 원한다면 물질의 많고
적음을 떠나서 얼마든지 신앙생활을 잘 할 수 있습니다.

헌금 때문에 교회에 다니기 어렵다고 하시는 분들은 교회에 다니
기 싫을 것을 헌금에 핑계 대는 것뿐이라고 생각하시면 틀림이 없습

니다.

돈을 잘 쓰려면 눈이 밝아야 합니다

예수님께서는 돈 예기를 하시다가 뜬금없이 눈 예기를 하십니다.

> 눈은 몸의 등불이니 그러므로 네 눈이 성하면 온 몸이 밝을 것이요 눈
> 이 나쁘면 온 몸이 어두울 것이니 그러므로 네게 있는 빛이 어두우면
> 그 어두움이 얼마나 하겠느뇨?(마 6:22-23).

그렇다면 돈과 눈이 어떤 관계가 있기에 예수님께서 그렇게 말씀
하셨나를 생각해 보는 것이 중요하겠지요. 예수님 같이 지혜로우신
분이 설마 정신없이 엉뚱한 예기를 하셨겠어요? 너무도 중요하기
때문에 하셨겠지요.
해답은 바로 앞 구절에 있습니다.

> 네 보물 있는 그 곳에는 네 마음도 있느니라(마 6:21).

사람들은 자기의 보물이 있는 곳에 자기의 마음이 있게 마련입니
다. 그리고 그렇게 자기의 돈이 쓰여지는 곳에 신경이 쓰이고 관심
을 가지고 정열을 쏟게 마련입니다.

이런 문구가 있습니다.

"사람은 비전만큼 살고 기도만큼 이룬다."

너무도 좋은 말이라 성경 다음으로 즐겨 애용하는 글귀입니다.

이 말은 하나님의 나라를 위하여 얼마나 큰 꿈을 가지고 사느냐는 것입니다. 그렇게 하나님의 나라를 위하여 사는 사람은 자연스럽게 하나님의 나라를 위하여 자신의 재물을 사용하는 것입니다.

그것이 바로 눈이 밝아서, 즉 올바른 비전을 가지고 살면서 재물을 하나님의 영광을 위하여 사용하는 것입니다. 그렇지 않고 눈이 어두우면(올바른 비전이 없으면) 아무리 많은 재물이라도 더럽고 나쁘고 악한 곳에 사용하게 되는 것입니다.

제가 오래 전에 화양감리교회에서 사역하면서 알게 된 채의숭 회장님은 지금은 사업가로, 교육가로, 교회를 세우는 선교사로 1인3역을 하시는 목회자이시면서 대의미션 이사장으로도 사역하고 계십니다.

이제까지 10여개가 넘는 사업장을 운영하시면서 얻은 수익금으로 현재 100개가 넘는 교회를 세계 각처에 세우는 선교사역의 새로운 역사를 기록하는 대장정을 이어가고 계십니다. 그분은 지금도 70대 중반이 되셨지만 하나님의 나라를 위한 열정은 식지 않고 불타올라 앞으로는 자녀들과 힘을 합하여 1,000개의 교회를 세우는 것을 새로운 목표로 정하고 달려갑니다.

그렇게 사람은 어떤 꿈과 비전을 가졌는가에 따라 그 곳을 바라보고 자신의 재물을 투자하고 인생을 살아가게 되는 것을 볼 수 있습니다.

그래서 눈이 밝고 좋다는 것은 좋은 비전과 꿈을 가졌다는 말입니다. 몸은 마음의 생각과 비전을 따라가기 때문에 눈이 나쁘면 온몸이 어두울 것이라고 하는 말씀도 바로 그러한 맥락에서 말씀하신 것입니다.

그래서 눈이 보배라고 하는 것입니다.

돈이 목적이 아닙니다

그리스도인들도 육신을 입고 이 세상을 살아가야 하기 때문에 세상 사람들처럼 돈이 필요합니다. 그러나 그리스도인들이 하나님을 믿지 않는 사람들처럼 욕심을 내어 부하려 한다든지 돈이 세상을 살아가는 기준과 목적이 되어서는 안 된다는 것을 알아야 합니다.

그것을 경고하는 말씀이 바로 디모데전서 6장 6-10절의 말씀입니다.

그러나 지족하는 마음이 있으면 경건이 큰 이익이 되느니라 우리가
세상에 아무 것도 가지고 온 것이 없으매 또한 아무 것도 가지고 가
지 못하리니 우리가 먹을 것과 입을 것이 있은즉 족한 줄로 알 것이니
라 부하려 하는 자들은 시험과 올무와 여러가지 어리석고 해로운 정

욕에 떨어지나니 곧 사람으로 침륜과 멸망에 빠지게 하는 것이라 돈을 사랑함이 일만 악의 뿌리가 되나니 이것을 사모하는 자들이 미혹을 받아 믿음에서 떠나 많은 근심으로써 자기를 찔렀도다(딤전 6:6-10).

세상에서 살면서 돈을 따라가고 욕심을 내어 재물을 모으려 하면 믿지 않는 사람들과 똑같이 하나님의 뜻과는 반대되는 편법과 불법을 행할 수밖에 없음을 우리는 너무도 많이 보게 됩니다.

이왕에 말이 나온 김에 한 번쯤은 생각해 볼 일이 있습니다.

우리 그리스도인들이 마음에는 원이로되 육신이 약하여 잘 정리하지 못하는 것 중에 하나는 세상 속에서 돈을 위하여, 좋은 말로는 생계를 위하여 그리스도인으로서는 하면 안 되는 직업이나 일들을 선택하게 되는 경우들이 있습니다.

우리 솔직하게 예기해 봅시다

그리스도인들이 가져서는 안 될 직업은 어떤 것들이 있으며, 해서는 안 될 일들은 어떤 것들이 있습니까?

"에이 뭐 다 아시면서 뭘 그러세요. 그러면 우리는 뭘 먹고 살아요. 그리고 돈이 없으면 어떻게 주의 일을 하겠어요. 그냥 지나갑시다."

"지금이 뭐 초대교회 시대도 아니고, 우리가 수도원에 사는 것도 아니고, 나쁜 짓만 안 하면 되는 거지 뭐 그렇게 까칠하게 그러십니까?"

"아니 지금까지 그렇게 우리가 갖은 고생을 해서 돈 벌어서 드린 헌금으로 교회를 짓고, 목사님들 먹여 살렸는데 이제 와서 그렇게 말씀하시면 우리보고 어쩌자는 겁니까?"

원성이 대단하시네요. 제가 돌로 안 맞는게 다행이라고 생각합니다. 저도 그럴 줄 알았습니다. 그래서 예기 안 하려고 했는데 돈 예기 하다 보니까 어쩔 수 없이 하게 됐습니다.

뭐 저도 딱히 할 말이 없습니다. 저도 목회자로 그렇게 성도들의 헌금으로 살아왔고, 마음 약하고 지혜롭지 못하여 잘 알려드리지 못한 책임이 있음을 절실하게 회개합니다.

자! 그럼 진정들하시고 그리스도인들이 좀 더 하나님의 백성으로 살아가는 방법에 대해서 의견을 나눈다는 심정으로 예기해 봅시다.

우선 술집은 절대 안 되겠죠?! 그럼 음식점에서 술 파는 것은 어떤가요? 다른 말로 하면 '술파는 음식점은 괜찮냐?' 이 말입니까? 그러면 슈퍼나 편의점에서 술 담배를 파는 것은 어떤가요?

그것도 안 된다고 생각합니다. 또한 술에 관련된 각종 유흥업소와 제조 판매하는 모든 것도 안 됩니다.

일단 술로 인하여 발생하는 문제에 대해 사회적비용이 너무도 많이 발생하고 많은 문제들이 일어납니다. 음주운전이 그렇죠. 알콜중

독은 정상적인 삶을 살아갈 수 없게 만듭니다.

그런데 그것은 극히 일부의 사람들에게 해당하는 얘기라고 하실지 모르겠는데요. 그건 술에 대해서 합리화하는 것에 불과할 뿐입니다.

그리고 또 그 외에도 그리스도인들이 하지 말아야 할 일들은 너무도 많습니다. 요즘에 많이 방송에도 나오는 것처럼 원산지를 속이는 일입니다. 가령 예를 들어 영광굴비가 아닌데 영광굴비라고 하는 것, 요런 것들 안 됩니다. 그것은 가짜를 진짜라고 하는 것으로 사람들을 속이는 명백한 죄악입니다.

또한 사람들이 먹고 쓰는 모든 것에 몸에 안 좋은 것들을 섞어서 제조하는 불량 식품과 제품들도 안 됩니다. 일단 거짓과 편법으로 부당하게 이득을 취하려는 것은 전부 안 된다고 보시면 마음이 편하실 겁니다.

모든 것을 이렇게 정리하면 대한민국에 대변혁이 일어나며, 놀라운 영적 부흥이 일어나게 되리라는 것은 불을 보듯 명확한 일이라고 생각합니다.

다만 우리의 결단이 약해서 그 일들을 실천하지 못하는 것뿐이지요.

돈을 사랑함은 하나님을 신뢰하지 못하는 것입니다

더 나아가 돈을 사랑한다는 것은 하나님을 전적으로 신뢰하지 못

할 때 일어나는 불신앙적인 일이라는 것을 본문에서 분명하게 나타내 주고 있습니다.

> 한 사람이 두 주인을 섬기지 못할 것이니 혹 이를 미워하며 저를 사랑하거나 혹 이를 중히 여기며 저를 경히 여김이라 너희가 하나님과 재물을 겸하여 섬기지 못하느니라(마 6:24).

하나님을 제대로 믿지 않는 사람들은 다음과 같은 근심 걱정에 쌓인 불안한 마음들을 가지고 있는 것이 분명합니다.

이 직업을 포기하면 나는 굶어 죽는게 아닐까? 이렇게 살면 나는 영영 가난하게 사는게 아닐까? 내가 돈이 없으면 이 세상을 어떻게 살까? 하는 등등의 쓸데없는 근심과 걱정에 사로잡혀 아직도 다가오지도 않은 날들에 대한 염려와 근심으로 삽니다.

그럴때 하나님께서는 우리에게 다음과 같이 말씀하십니다.

> 그러므로 염려하여 이르기를 무엇을 먹을까 무엇을 마실까 무엇을 입을까 하지 말라 이는 다 이방인들이 구하는 것이라 너희 천부께서 이 모든 것이 너희에게 있어야 할 줄을 아시느니라 너희는 먼저 그의 나라와 그의 의를 구하라 그리하면 이 모든 것을 너희에게 더하시리라 그러므로 내일 일을 위하여 염려하지 말라 내일 일은 내일 염려할 것이요 한 날 괴로움은 그 날에 족하니라(마 6:31-34).

우리 아버지 하나님께서 다 아신다는 것입니다. 그러므로 염려하지 말라는 것입니다. 정직하게 일하고, 부지런하면 하나님께서 반드시 축복하시리라는 믿음으로 사는게 중요합니다.

그리스도인으로서 부자가 되지 말라는 것이 아닙니다. 이 세상을 살면서 과도하게 부하려하여 욕심을 내어 부정직한 방법으로 부를 쌓으려 하지 말라는 것입니다.

거기에 덧붙여 하신 말씀을 주목해야 합니다.

> 너희는 먼저 그의 나라와 그의 의를 구하라 그리하면 이 모든 것을 너
> 희에게 더하시리라(마 6:33).

일하는 것 때문에 성도가 마땅히 해야 할 믿음 생활을 소홀히 하거나 성도로서 나타내야 할 세상을 향한 빛과 소금의 직분을 다하지 않는 것은 하나님의 뜻에 어긋나는 일임을 분명히 알아야 할 것입니다.

쉽게 말씀드리자면 세상에서 하는 일도 열심히 해야 하지만, 그보다 먼저 하나님의 일을 우선순위에 두고 살라는 말씀입니다.

그렇게 말씀드리는 저도 부족한 부분이 많다고 생각합니다. 또한 이 글을 읽고는 마음에 갈등하실 분들을 생각하면 괜히 죄송하다는 생각이 듭니다.

그래서 감히 "오늘 저녁에 편히 주무세요"라고 말씀드리기가 송

구스럽네요.

그래도 지금 결단하고 정리하는게 낫지, 나중에 주님 앞에 가서 할 말이 없고, 받아 쓸 면류관이 없으면 그것이 더 괴로운 일이 아니 겠습니까?

누군가는 꼭 말했어야 하고,

언젠가는 정리해야 하고,

어려워도 해야만 한다면,

그 때가 바로 지금이라고 생각하고 결단하시면 하나님께서 얼마 나 기뻐하실까요.?!

하나님께 진정한 보물은 온 천하를 주어도 바꾸지 않을 바로 당 신입니다.

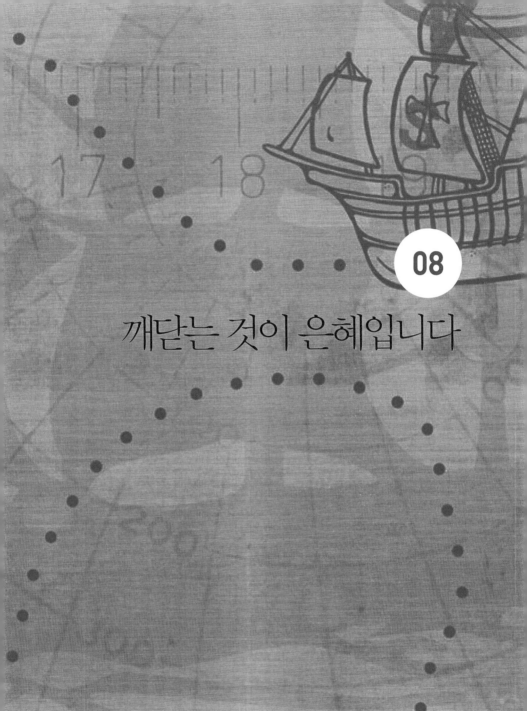

08

깨닫는 것이 은혜입니다

그런즉 씨 뿌리는 비유를 들으라 아무나 천국 말씀을 듣고 깨닫지 못할 때는 악한 자가 와서 그 마음에 뿌리운 것을 빼앗나니 이는 곧 길가에 뿌리운 자요 돌밭에 뿌리웠다는 것은 말씀을 듣고 즉시 기쁨으로 받되 그 속에 뿌리가 없어 잠시 견디다가 말씀을 인하여 환난이나 핍박이 일어나는 때에는 곧 넘어지는 자요 가시떨기에 뿌리웠다는 것은 말씀을 들으나 세상의 염려와 재리의 유혹에 말씀이 막혀 결실치 못하는 자요 좋은 땅에 뿌리웠다는 것은 말씀을 듣고 깨닫는 자니 결실하여 혹 백배, 혹 육십배, 혹 삼십배가 되느니라 하시더라(마 13:18-23).

깨닫는 것이 은혜입니다

성경은 신기하게도 서로 짝이 맞는 말씀들이 있습니다. 오늘 본문의 씨 뿌리는 비유와 데살로니가전서 5장 16-18절의 "항상 기뻐하라, 쉬지 말고 기도하라, 범사에 감사하라"는 말씀도 서로 절묘한 조화를 이루고 있는 것을 발견할 수 있습니다.

이 말씀들은 하나님의 말씀을 듣는 우리의 마음밭이 얼마나 중요한지를 잘 알려줍니다. 우리가 하나님의 말씀을 열린 마음으로 듣고 그 말씀대로 행할 때, 하나님의 축복이 100배, 60배, 30배로 넘쳐나게 된다는 것을 알려주기 때문입니다.

또한 항상 기뻐할 수 있는 비결과 기도해야 하는 이유를 알려주고, 더 나아가 범사에 감사하는 사람의 축복이 무엇인지를 깨우쳐 줍니다.

특별히 '신앙생활을 하면서 왜 내가 이제까지 열매를 맺지 못하였는가?', '하나님의 축복을 그렇게 간구하면서도 100배는커녕 10배도 받지 못했던 이유가 무엇이었는가?'에 대한 근본원인을 가르쳐 줍니다.

따라서, 이 두 본문을 통해 신앙생활의 새로운 전환점이 될 수도 있다는 기대감을 가지시고, 함께 보물찾기를 하는 마음으로 예수님과 함께 씨 뿌리는 현장으로 나가 보시도록 하겠습니다.

우선 여러분 이해를 돕기 위하여 마음속에 열매가 탐스럽게 달린 나무 한 그루를 그려 보시기 바랍니다. 사과나무든지 배나무든지 상관없습니다. 그리고 나무 그림을 잘 그리시려고 부담 가지실 필요는 없습니다. 보통 나무에는 밑에 뿌리가 있고, 줄기를 통해 가지가 뻗어나고 열매가 맺히게 되겠죠. 그와 같이 오늘의 포인트는 뿌리와 줄기와 열매임을 생각하면서 밭으로 나가 보시겠습니다.

길가에 떨어진 씨앗이 있습니다

첫 번째 씨앗에 대해 예수님은 "길가에 떨어져서 깨닫지 못하니 사단이 그 마음에 뿌리운 것을 빼앗았다"고 말씀하십니다.

그렇다면 왜 그렇게 깨닫지 못해서 그 마음에 뿌리운 것을 사단에게 빼앗겨 버렸을까요?

이 시간에 가장 주목해서 봐야 할 말씀이 바로 이 첫 번째 말씀이지만, 이 말씀은 네 번째 좋은 밭과 연결 지어 보시면 더 깊은 진리를 발견할 수 있으므로, 좀 더 있다가 두 번째 밭과 세 번째 밭을 살펴보신 후에 더 깊이 나누도록 하겠습니다.

두 번째 밭인 돌밭은 신앙의 뿌리입니다

두 번째 씨앗은 돌밭에 떨어진 씨앗입니다. 예수님은 이러한 경우 '말씀을 듣고 즉시 기쁨으로 받되 그 속에 뿌리가 없어 잠시 견디지만 환난이나 핍박이 일어나는 때에는 곧 넘어진다'고 하였습니다.

그렇습니다. 신앙의 뿌리가 견고하면 어떤 환난이나 핍박에도 넘어지지 않을 수 있습니다. 오히려 기쁨의 삶을 살아가게 됩니다. 그런데 돌밭의 씨는 식물이 자라는 듯 하지만 뿌리를 내릴 수 없기에 이내 곧 시들어버리고 마는 것입니다.

이렇게 뿌리가 없어서 곧 시들어 버리는 것에 대해, 예수님께서는 신앙생활에 비유하여 환난이나 핍박이 일어나는 때에 곧 넘어지는 것으로 말씀하십니다.

그렇다면 신앙생활을 하면서 어떻게 하면 환난이나 핍박이 일어나는 때에도 넘어지지 않을까요?

여기서 잠간 마음의 여유를 가지고 함께 퀴즈를 풀어 볼까요?

Q. 과연 신앙의 뿌리는 무엇일까요?

생각해 보셨나요? 그 힌트는 데살로니가전서 5장 16절에서 찾을 수 있습니다. "항상 기뻐하라"는 말씀입니다.

인간은 살아가면서 생로병사와 희로애락을 겪으며 자신의 의지와는 상관없이 온갖 세상풍파에 휘둘리며 살아갑니다. 신앙생활을 하는 성도들도 세상에 살면서 예외 없이 이런 상황 속에서 살아갈 수밖에 없습니다.

그래서 예수 믿고 신앙생활을 하면 만사형통하고, 축복만 넘칠 줄 알았던 세상적인 그리스도인들은 조금만 환난이 오고 핍박이 일어나면 넘어지고 마는 것입니다. 그런 사람들에게 항상 기뻐하라는 하나님의 말씀은 그야말로 또 다른 고문일 수 있습니다.

또 한편으로는 그렇게 항상 기뻐하며 살아가는 사람들이 있다는 것도 너무도 신기할 뿐입니다. 그 사람들은 별천지에 사는, 때로는 세계문화유산에 무형문화재로 등재된 듯한 착각을 불러일으킬 정도입니다.

그렇다면 도대체 예수 믿는 사람들이 그렇게 기쁘게 사는 이유가 뭘까요?

초대교회 당시 성도들은 로마의 원형 경기장에서 사자에게 뜯기며 죽어가면서도 찬송가를 부르며 당당하게 순교의 길을 걸어갔습니다. 정작 그것을 지켜보던 로마의 사람들은 수많은 의구심을 품지 않을 수 없었습니다.

죽음도 두려워하지 않는 당당함과 이 세상의 그 무엇과도 바꿀 수 없는 믿음의 확신이 어디에서 비롯된 것일까요?

그것은 바로 구원의 확신입니다. 그것이 신앙의 뿌리입니다. 그것을 우리는 다른 표현으로 '믿음이 있다', 또는 '믿음이 좋다'라고도 하는 것입니다.

그렇게 구원의 확신이 있다면 어떤 환난과 핍박이 와도 넘어지지 않습니다. 예수님을 부인하지 않습니다.

신앙생활을 해 나가는데 왜 어려움이 없겠습니까? 신앙인들은 안 믿는 사람들보다 훨씬 더 어려움이 많습니다. 다른 불신자들과 똑같이 사회생활을 해야죠. 거기다 더 보태서 그들보다 훨씬 더 거룩하고 모범적으로 살아야죠. 그래서 신앙의 뿌리인 구원의 확신이 없는 사람들은 신앙생활이 어려워 세상과 타협해 버리거나, 금방 시들해집니다. 좌절과 낙심을 반복하다가 교회를 그만 애들 학원 끊듯이 끊어버리고 마는 겁니다.

이것을 또 다르게 표현하기를 '시험 들어서'라고 편하게 쓰기도 합니다.

신앙생활은 1박2일이 아닙니다. 잠깐 동안 하고 말 일이 아니라는 거죠. 신앙생활이 언제 끝나는가 하면 주님이 오시든지, 내가 죽든지 해야 끝나는 것입니다.

진지하게 질문을 하나 드리고 싶습니다.

Q. 당신은 구원 받았습니까?

그렇다면 지금 어떠한 어려움과 환난이 있다 하여도 하나님께서 결코 우리를 버리지도 않으시며, 그 어떤 것도 우리를 그리스도 예수 안에 있는 하나님의 사랑에서 끊을 수 없다는 것을 확신하시고 기뻐하시기 바랍니다(롬 8:38-39).

세 번째 밭인 가시밭은 신앙의 줄기입니다

자! 그럼 세 번째 밭으로 가보실까요?

세 번째 밭은 가시밭인데, "가시떨기에 뿌리웠다는 것은 말씀을 들으나 세상의 염려와 재리의 유혹에 말씀이 막혀 결실치 못하는 자요"라고 되어 있습니다.

가시밭에 떨어진 씨앗이 결실하지 못하는 이유는 말씀을 들으나 세상의 염려와 재리의 유혹에 말씀이 막혀서 결실하지 못하는 것입니다. 때문에 결실할 수 있는 비결은 말씀이 막히지 않도록 하는 것입니다.

그렇다면 '세상의 염려와 재리의 유혹'을 이기고 말씀이 막히지 않도록 하는 방법은 무엇입니까? 믿음이 좋아야 한다고요?

Q. 그러면 그렇게 믿음을 키워가려면 어떻게 해야 할까요? 잠시 생각해 보세요.

생각해 보셨나요?

본문의 세 번째 밭인 가시밭 역시 데살로니가전서 5장 17절의 "쉬지 말고 기도하라"는 말씀과 연결되어 있습니다.

우리는 연약한 육신을 입고 있으므로 '세상의 염려와 재리의 유혹'을 물리치기가 쉽지 않습니다. 오히려 때로는 불가능하게 다가올 때도 너무도 많습니다. 그래서 아무리 신앙 좋은 목회자와 직분자라도 쓰러지고 넘어질 때가 있는 것입니다.

그럴 때 이기는 비결은 말씀이 막히지 않도록 쉬지 말고 기도해야 합니다. 다시 말씀드리자면 늘 하나님의 말씀으로 이 세상의 모든 염려와 유혹을 이기고 승리하도록, 지극히 작은 일까지도 하나님께 맡기고 기도하는 것입니다.

지극히 작은 문제 즉 얼마든지 자기 힘으로 할 수 있는 일이라도 기도하면서 실행한다면 그만큼 하나님의 뜻을 물어 신중하게 되고, 하나님을 의지함으로 승리하게 되는 것입니다.

내 힘과 능력으로 이 세상을 이기려고 해서는 백전백패하고 맙니다. 우리는 연약한 육신을 입고 있기 때문에 내 힘으로는 사단의 공격에 이길 수가 없습니다. 주님께서 겟세마네 동산에서 기도하신 것처럼 "내 뜻대로 마옵시고 하나님의 뜻대로 되게 해 주십시오"라고 기도해야 합니다(마 26:39). 그러면 "세상의 염려와 재리의 유혹"을 물리치고 열매 맺는 삶을 살게 됩니다.

어떤 문제가 있을 때 기도하지 않아서 넘어집니다. 자기를 포기하고 하나님께 기도하며 무릎 꿇고 있는데 어떻게 넘어집니까? 기도한다는 것은 하나님과 막힘없이 교통하는 것을 의미합니다.

그것은 나무에 비유한다면 줄기에 해당합니다. 줄기를 통해서 뿌리와 잎까지 교류가 잘 돼야 열매를 맺습니다. 성도들이 하나님과의 교통이 이루어져야 하나님의 뜻을 분별하게 되고, 하나님의 능력을 받아서 험한 세상에서 승리하게 되는 것입니다.

잠시 다르게 생각해 본다면 새벽기도 나온다고 다 성숙한 신앙인이라고 할 수는 없겠지만, 그래도 기도하면서 하나님께 나아가려고 애쓰는 가운데 하나님의 뜻을 분별하면 더 나은 신앙생활을 할 수 있게 되는 것을 부인 할 수 없습니다.

그렇습니다. 진실한 마음으로 예배 때마다 잘 참석하고, 성경 읽고, 찬송하고, 기도하신다면 말씀이 막히지 않는 가운데 신앙이 성장하는 것을 경험하게 됩니다.

네 번째 밭인 좋은 밭에서 신앙의 열매가 맺힙니다

이제는 마지막 남은 좋은 밭입니다.

그런데 이 좋은 밭은 첫 번째 길가 밭과 깊은 연관이 있다고 하였죠. 다시 한 번 길가 밭으로 가 보실까요? 길가 밭은 왜 열매를 맺지 못한다고 했습니까? 기억나십니까?

그렇죠! 말씀을 듣고도 깨닫지 못하니 사단이 와서 그 마음에 뿌리운 것을 빼앗아 가 버린다고 했습니다.

그러면 좋은 밭은 어떻게 열매를 맺습니까? 그렇습니다. 본문에 "말씀을 듣고 깨닫는 자니" 하신 것처럼 깨달을 때 열매를 맺는다고 말씀하십니다.

자! 이제 결정적인 퀴즈를 하나 풀어 보도록 하겠습니다. 준비 되셨습니까?

Q. 길가 밭과 좋은 밭의 차이는 무엇입니까?

그렇습니다. 말씀을 듣고 깨닫느냐? 깨닫지 못하느냐? 그 차이입니다.

그럼 한 가지 퀴즈를 더 풀어 봅시다.

Q. 말씀을 깨닫지 못하는 것은 말씀이 어려워서 그렇다. 또는 아니다. 여러분은 어느 쪽이십니까?

말씀을 깨닫지 못하는 것은 말씀이 어려워서 그럴 수도 있습니다. 여러분도 어렵지만 저도 어렵기는 매 마찬가지입니다. 그래서 성경을 잘 연구해 놓은 사전이나 주석을 보면서 더 많이 연구를 하는 것도 필요합니다. 그러나 근본적인 문제는 따로 있다는 것입니다. 그 결과는 금방 밝혀질 수 있을 것입니다.

마음의 완악함은 깨달음의 걸림돌이 됩니다

이 시간에는 '말씀을 깨닫지 못하는 것은 말씀이 어려워서가 아니다'에 초점을 맞추고 이 문제를 풀어 보도록 하겠습니다.

그리고 왜 그 시대에 하나님의 말씀을 너무도 잘 아는 쟁쟁한 실력의 바리새인들과 서기관들도 예수님의 말씀을 깨닫지 못했는지도 알아 봐야 하겠습니다.

먼저 사도행전을 펴 보시도록 하겠습니다.

사도행전 2장에는 사도 베드로의 설교가 나옵니다. 오순절에 사도들이 성령의 충만함을 입고 방언을 하므로 유월절을 지내러 각지에서 온 사람들이 놀라서 모여듭니다. 그 사람들을 향하여 베드로 사도가 설교를 합니다. 그 설교를 듣고 놀라운 결과가 나타납니다.

37절을 한 번 읽어 보십시오.

"저희가 이 말을 듣고 마음에 찔려 베드로와 다른 사도들에게 물어 가로되 형제들아 우리가 어찌할꼬 하거늘"

그래서 나타난 결과는 제자의 수가 3,000명이나 더하게 되는 역사가 일어납니다.

그런데 또 다른 전도의 현장에서는 전혀 다른 결과가 나타납니다. 사도행전 7장에서도 스데반 집사가 베드로 사도와 비슷한 설교를 합니다. 그런데 그 결과는 어떻게 나타납니까? 54절에 저희가 똑같이 하나님의 말씀을 듣고 마음에 찔림을 받습니다.

그런데 회개하고 하나님께 돌아오는 것이 아니라 57-58절에 나타난 것처럼 도리어 큰 소리를 지르고 귀를 막고 스데반을 향하여 달려들어 성 밖에 내치고 돌로 쳐 죽이는 끔찍한 상황이 벌어지고 맙니다.

가슴이 먹먹하고 기가 막히지만, 잠깐만 우리 좀 냉정해집시다. 눈물을 한 번 닦으시고 마음을 진정시키신 후에 다음 질문에 대해 깊이 생각을 해 봅시다.

Q. 사람들이 거의 똑같은 하나님의 말씀을 들었습니다. 그런데 왜 각기 다른 반응이 나타났습니까?

Q. 베드로 사도는 능력이 많아서이고 스데반은 능력이 없어서 그랬습니까?

Q. 아니면 베드로는 설교를 잘하고, 스데반은 설교를 잘 못했습니까?

Q. 그것도 아니면 두 사람 가운데 한사람 즉 스데반은 운이 없어서 죽었습니까?

여러분은 어떻게 생각하십니까? 해답을 찾으셨습니까?

한 쪽은 말씀을 듣고 마음에 찔려 '우리가 어찌할꼬' 하면서 회개하게 됩니다. 또 한쪽은 말씀을 듣고 마음에 찔려 '큰 소리를 지르고 귀를 막고' 스데반을 죽입니다. 양 쪽 다 과정은 똑 같지만 결과는 정반대로 나타납니다.

위의 대비된 말씀을 잘 보시기 바랍니다. 말씀을 듣기는 들었지만, 말씀을 받아들이려고 하지 않는 마음 즉 완악한 마음 때문에 말씀을 깨닫지 못하는 것입니다.

완악한 마음으로 귀를 막아 버리니 그 말씀이 마음으로 들어가지 못하는 것을 발견하게 됩니다. 말씀이 마음으로 들어가야 찔림을 받고 회개하는 역사가 나타나는데, 아예 귀를 막고 들으려고도 하지 않는 것에서부터 문제가 발생하는 것입니다.

그래서 믿음은 들음에서 나고 들음은 그리스도의 말씀에서 난다고 로마서 10장 17절에서 강조하고 있는 것을 봅니다.

그만큼 듣는 것이 중요한 것입니다.

그것이 씨뿌리는 비유에서 여실히 드러나고 있습니다. 마태복음 13장 14-15절에서 정답을 발견할 수 있습니다.

이사야의 예언이 저희에게 이루었으니 일렀으되 너희가 듣기는 들어도 깨닫지 못할 것이요 보기는 보아도 알지 못하리라 이 백성들의 마음이 완악하여져서 그 귀는 듣기에 둔하고 눈은 감았으니 (마 13:14-15).

정답은 바로 '마음이 완악하여져서'입니다. 완악한 마음이 있으면 하나님의 말씀을 들어도 그 말씀이 튕겨져 나가 버립니다. 그래서 하나님의 말씀이 그 마음에 거할 곳이 없으므로, 결국에는 예수님을 믿을 수가 없게 됩니다.

그것을 요한복음 8장 37절에는 이렇게 표현하고 있습니다.

나도 너희가 아브라함의 자손인줄 아노라 그러나 내 말이 너희 속에 있을 곳이 없으므로 나를 죽이려 하는도다(요 8:37).

그렇습니다. 하나님의 말씀을 깨닫느냐 못 깨닫느냐 이것은 바로 '마음을 여느냐!', '마음이 완악하냐!'와 깊은 연관이 있다는 것을 발견하게 됩니다.

그래서 예수님도 말씀을 전하실 때 사람들에게 "귀 있는 자는 들으라"고 하셨던 것입니다(마 11:15, 13:9, 13:43).

세상에 귀 없는 자가 어디 있겠습니까마는 이 말씀의 진정한 의미는 마음을 열고 하나님의 말씀을 듣고 받아들이라는 것입니다.

말씀을 들으면서 깨닫고 못 깨닫고의 차이는 마음을 여느냐 그렇지 않느냐에 있습니다. 그래서 하나님의 말씀에 은혜를 받고 못 받고의 책임은 나에게 있는 것입니다.

깨닫는 자에게 주시는 축복은 감사입니다

하나님의 은혜를 사모하시면서, 말씀을 귀담아 들으시면서, 수없이 많은 말씀들 중에서 단 한가지만이라도 깨닫는다면 그것이 은혜입니다.

바로 그것이 여러분을 향한 하나님의 귀한 만나입니다. 교훈이며, 책망이며, 의로 교육하시는 하나님의 말씀을 받아들이고 삶 속에 적용하실 때 하나님의 축복이 넘치게 될 것을 저는 확신합니다.

설교자에 대한 고정관념도 은혜를 가로막는 걸림돌이 됩니다.

예수님의 고향사람들은 예수님의 전공이 목공이고, 예수님의 육적인 부모 형제들을 너무도 잘 알고 있었습니다. 이러한 고정관념 때문에 예수님께서 지혜롭게 가르치시고 능력을 행하심을 보고도 예수님을 믿지 못했던 것입니다.

그래서 예수님도 기분 나빠 하시잖아요.

> 선지자가 자기 고향과 자기 집 외에서는 존경을 받지 않음이 없느니라 하시고 저희의 믿지 않음을 인하여 거기서 많은 능력을 행치 아니하시니라(마 13:57-58).

우리 가운데서도 설마 그러고도 축복을 기대하시는 것은 아니겠죠?

하나님의 은혜를 사모하는 분들을 위해서 몇 가지 비결을 소개합니다.

1. 나를 위해 24시간 죽도록 충성하는 핸드폰은 예배 시간에 잠시 쉬도록 꺼두세요.
2. 예배 시간에 조금만 일찍 오셔서 마음을 여유롭게 가지시면 좋은 밭이 됩니다.
3. 바른 자세로 온 정성을 다하여 '아멘'하시면서 말씀을 귀담아 들으세요.

그럼 이제 결론적으로 좋은 밭은 말씀을 듣고 깨달아 열매를 많이 맺는다고 하는데, 한 가지 질문을 드리겠습니다.

Q. 마음을 열고 하나님의 말씀을 깨닫게 되면 어떤 현상이 나타날까요?

설마 "깨달아 본 적이 없어서 모르겠는데요" 하시지는 않겠지요? 좀 더 시간을 드릴테니 한번 곰곰이 생각해 보세요.

그래도 모르시겠다면 데살로니가전서 5장 18절은 기억나시나요?

"범사에 감사하라." 이것이 바로 깨닫는 자가 맺게 되는 신앙의 열매입니다.

하나님의 말씀을 듣고 깨닫게 되면 감사하게 됩니다. 그래서 사도행전 2장의 사람들이 '우리가 어찌할꼬' 하면서 하나님의 은혜를 깨닫고 나아와 감사함으로 자신들의 전 재산을 바치고 새로운 역사를 쓰게 되는 것입니다.

우리가 신앙의 표본으로 삼고 있는 일명 '사랑의 원자탄'이라고도 불리우는 순교자 손양원목사님의 이야기를 잘 아시죠?

손양원목사님은 여순 반란 사건으로 그의 사랑하는 두 아들 동인과 동신을 잃고도 애양원의 장례식장에서 그 유명한 10가지의 감사를 하나님께 드리게 됩니다.

그 감동을 함께 느끼시기를 원하는 마음으로 여기에 소개합니다.

첫째, 나 같은 죄인의 혈통에서 순교의 자식들을 나오게 하였으니 하나님께 감사합니다.

둘째, 허다한 많은 성도들 중에 어찌 이런 보배들을 주께서 하필 내게 주셨는지 그 점 또한 주께 감사합니다.

셋째, 3남 3녀 중에서 가장 아름다운 두 아들 장자와 차자를 바치게 된 나의 축복을 하나님께 감사합니다.

넷째, 한 아들의 순교도 귀하다 하거늘 하물며 두 아들의 순교이리요. 하나님 감사합니다.

다섯째, 예수 믿다가 누워 죽는 것도 큰 복이라 하거늘 하물며 전도하다 총살 순교 당함 이리요. 하나님 감사합니다.

여섯째, 미국 유학 가려고 준비하던 내 아들, 미국보다 더 좋은 천국 갔으니 내 마음 안심 되어 하나님 감사합니다.

일곱째, 나의 사랑하는 두 아들을 총살한 원수를 회개시켜 내 아들로 삼고자 하는 사랑의 마음을 주신 하나님께 감사합니다.

여덟째, 내 두 아들의 순교로 말미암아 무수한 천국의 아들들이 생길 것이 믿어지니 우리 아버지 하나님께 감사합니다.

아홉째, 이 같은 역경 중에서 이상 여덟 가지 진리와 하나님의 사랑을 찾는 기쁜 마음, 여유 있는 믿음 주신 우리 주 예수 그리스도께 감사 감사 합니다.

끝으로 나에게 분수에 넘치는 과분한 큰 복을 내려 주신 하나님께 모든 영광을 돌립니다.

은혜 받은 사람들은 범사에 감사하게 됩니다.

내가 구원 받은 것도 감사하고, 이 시간에 살아 있는 것도 감사하고, 직분을 주신 것도 감사하고, 직장을 주신 것도 감사하고, 환난을 주신 것도 감사하고, 아픈 것도 감사하게 됩니다.

그렇게 하나님의 말씀을 깨달은 사람은 성령 충만해져서 뭐든지 감사하게 됩니다. 왜냐하면 로마서 8장 28절의 말씀처럼 '그 모든 것들이 합력하여 선을 이루고 하나님의 영광을 나타내기' 때문에 그렇습니다.

이제 아름다운 신앙의 나무가 그려지셨습니까?

열매는 그냥 맺히는 것이 아닙니다. 깨닫는 정도에 따라 100배 60배 30배로 차이가 나는 것입니다.

많이 깨달은 자에게는 많은 은혜를 주시지만, 적게 깨달은 자에게는 적게 주십니다. 다 각각의 달란트와 사명과 은혜에 따라 주어지는 하나님의 축복도 다르기 때문입니다.

그래서 말할 수 없는 은혜를 깨달은 사람은 그 사랑을 주체할 수 없어서 자신을 드려 하나님의 사명을 감당하려고 순교의 자리에까지 주저 없이 가는 것입니다.

지금 깨달은 감사는 무엇입니까?

09

새로운 시대를 열어가는 사람들 1

예수께서 나아와 일러 가라사대 하늘과 땅의 모든 권세를 내게 주셨으니 그러므로 너희는 가서 모든 족속으로 제자를 삼아 아버지와 아들과 성령의 이름으로 세례를 주고 내가 너희에게 분부한 모든 것을 가르쳐 지키게 하라 볼찌어다 내가 세상 끝날까지 너희와 항상 함께 있으리라 하시니라(마 28:18-20).

새로운 시대를 열어가는 사람들 1

우리 구주 예수 그리스도께서 하늘로 승천하시면서 마지막 유언처럼 제자들에게 주신 명령이 있습니다. 바로 "너희는 가서 모든 족속으로 제자를 삼으라"는 지상명령입니다.

지상명령의 뜻은 다 아시죠? 설마 '땅위의 명령' 뭐 이렇게 알고 계시는 건 아니죠?

사실 지상명령(至上命令)이라고 하면 교회를 다시신지 얼마 안 된 성도님들이나, 성경공부를 많이 하지 않으신 분들은 다소 생소한 단어일 수 있습니다.

그도 그럴 것이 지상명령이란 단어는 성경 어디에도 없습니다. 또한 교회에서도 평소에는 잘 쓰지 않는(?) 단어이기 때문에도 그 이유가 있습니다.

이유야 어찌 되었든지 간에, 지상명령이란 단어는 어떤 분들에게는 낯설고, 어떤 분들에게는 부담스러운 단어가 되기도 합니다. 어떤 때는 선교단체의 전유물처럼 여겨져서 특별대우(?)를 받기도 하는 단어임에는 틀림없어 보입니다.

다들 짐작하신대로 지상명령은 땅위의 명령이 아니라 지상(至上) 즉, 더 이상 높은 것이 없는 지극히 높은 명령(命令)이라는 뜻입니다.

사극 등에서 옛날 어르신들이 말씀하시면 아랫사람이 "지당(至當) 하신 말씀입니다" 라고 하는 것 등이 그런 뜻입니다.

사실 예수님께서 이 세상에서 사역하시면서 수많은 명령을 우리에게 하셨습니다. 기도하라, 사랑하라, 용서하라, 전도하라 등등 너무도 중요한 명령들을 많이 주셨습니다. 그렇게 주님이 주신 명령들 가운데 어느 것 하나도 버릴 것이 없고, 어느 것 하나도 소홀히 여겨서는 안 될 것들이라고 생각합니다. 또한 그 많은 명령들의 경중을 따져서 순위를 매길 수도 없는 것이 분명한 일이라고 생각합니다.

그런데 왜 유독 "가서 제자를 삼으라"는 말씀만이 더 없이 중요한 지상명령(至上命令)이라고 규정하고 어명처럼 받들어 모시는 걸까요?

그 이유가 무엇인지 차근차근 알아가 보기로 하겠습니다.

다시 살펴보는 지상명령의 새로운 의미입니다

좋습니다. 우선 여러분의 생각을 정리하기 위해서 퀴즈를 하나 풀어보면서 시작해보도록 하겠습니다. 진지하고 솔직하게 대답해 보시기 바랍니다.

Q. 사람들이 마태복음 28장 18-20절의 말씀을 보면서 지상명령 지
   상명령하는데, 그렇다면 왜 지상명령이라고 할까요? 그렇게 지
   상명령이라고 부르는 근거는 무엇일까요?

너무 당연하고 쉬운 질문을 하셔서 당황하셨습니까?

사람들이 모두 다 지상명령이라고 하니까 너무도 당연하게 받아
들이고 아무 생각 없이 쓰셨다고요? 아니면 당연히 지극히 높으신
만왕의 왕이신 예수님께서 명령하셨으니까 지상명령이지 뭐 다른
뜻이 있겠냐고요?

그런데 이게 그렇게 단순하게 생각하고 넘어갈 문제가 아닙니다.
너무나도 깊고, 오묘하고, 놀라운 하나님의 역사적인 사실이 숨겨져
있습니다.

그럼 여러분의 생각을 돕기 위하여 몇 가지 예문을 드리겠습니
다. 마음을 가다듬고 여유롭게 선택해 보시기 바랍니다.

1) 아까 말씀하신 것처럼 지극히 높으신 만왕의 왕이신 예수님께
   서 명령하셨으니까 그렇다.
2) 예수님께서 승천하시기 전에 유언처럼 주셔서 그렇다.(유언은 원
   래 중요한 것이기에)
3) 한 영혼이 천하보다 귀하기 때문에 그렇다.
4) 제자를 삼는다는 것이 그렇게 귀하기 때문에 그렇다.

5) 예수님께서 생전에 하신 모든 명령보다 더 중요하기 때문에 그렇다.

아니면 여러분에게는 또 다른 생각이 있으신가요? 위에 있는 질문들은 누구나 다 한번쯤은 생각해 봤을법한 내용들이라고 생각합니다.

그런데 오늘은 좀 더 다른 각도에서 다이아몬드와도 같은 본문 말씀을 조명해 보도록 하겠습니다. 전체가 58면으로 커팅 된 다이아몬드는 빛이 다른 각도에서 비칠 때마다 영롱한 빛을 내는 것을 볼 수 있습니다. 그런 것처럼 성경도 성령께서 깨닫게 하시면 미처 우리가 보지 못했던 부분들이 보이고 새로운 세계가 열리는 것을 경험할 수도 있습니다.

그렇게 지상명령이라는 뜻을 온전히 이해하기 위해서는 구속사적인 맥락에서 성경 전체를 바라볼 때, 보다 더 명확하게 풀어지는 것을 볼 수 있습니다.

지상명령의 탄생 배경은 무엇일까요?

이렇게 신비한 지상명령(至上命令)의 탄생 배경, 즉 지상명령이라고 부르게 된 근거는 다음과 같이 해석할 수 있습니다.

하나님께서는 새로운 역사가 시작될 때마다 인간에게 새로운 사명, 즉 지상명령을 주셨습니다. 그리고 인간은 그 명령에 따라 살아가며 이 땅에서 하나님의 나라를 이루며, 하나님의 뜻대로 다스려 나갈 사명을 받았습니다.

그것이 창세기 이후 역사적으로 성경에 3번 나타납니다. 즉 최초의 사람 아담과, 홍수 이후의 최초의 사람 노아와, 예수님을 믿고 새 시대를 열어 갈 최초의 믿음의 사람들인 초대교회의 제자들에게 지상명령이 주어지는 것입니다.

자 그럼 우리 다함께 그 내용을 자세하게 한번 들여다보겠습니다.

최초의 지상명령을 아담에게 주십니다

창세기에서 하나님께서는 천지를 창조하시고 난 후 최초의 사람인 아담과 하와를 만드셨습니다. 그리고 그들에게 '온 땅을 다스리고 정복하라'는 지상명령을 주십니다. 즉 아담으로부터 새시대가 시작되는 것입니다. 이것을 신학에서는 문화명령이라고 부르기도 합니다.

하나님이 자기 형상 곧 하나님의 형상대로 사람을 창조하시되 남자와 여자를 창조하시고 하나님이 그들에게 복을 주시며 그들에게 이르시되 생육하고 번성하여 땅에 충만하라, 땅을 정복하라, 바다의 고

기와 공중의 새와 땅에 움직이는 모든 생물을 다스리라 하시니라(창 1:27-28).

하나님께서는 아담에게 전권을 다 주셨습니다. 아담은 하나님의 능력과 지혜로 이 땅의 모든 것들을 정복하고, 다스리기에 부족함이 없었습니다.

그 증거로 창세기 2장 19~20절에서는 하나님께서 창조하신 모든 짐승의 이름을 아담이 다 짓는 것만 봐도 잘 알 수 있죠.

또 다른 증거는 창세기 1장 27절에 나타납니다.

"하나님이 자기 형상 곧 하나님의 형상대로 사람을 창조하시되"라는 말씀의 의미는 하나님께서는 아담을 지, 정, 의를 갖춘 하나님의 인격을 가진 사람으로 창조하셨다는 것입니다. 그리고 그렇게 지으신 모든 것을 보시고 "심히 좋았더라"고 흡족해 하셨습니다(창 1:31).

하나님께서는 아담에게 지혜도 주시고, 너무도 좋은 환경인 에덴동산에 각종 먹을 것과 돕는 배필인 하와도 주셨습니다. 부족한 것이 없었습니다.

아담과 하와가 서로 사랑하며 생육하고 번성하여 땅에 충만하게 되고, 바다의 고기와 공중의 새와 땅에 움직이는 모든 생물을 다스리는 것입니다.

아담은 다만 하나님의 마음을 가지고, 하나님의 뜻대로 이 땅에 하나님의 나라를 이루어 가면서 만물을 다스려 세상을 아름답게 가꾸어 나가면 되는 것입니다. 그것이 아담에게 주어진 유일한 사명 즉 하나님의 지상명령입니다.

그러나 그 후에 아담은 곧 사단의 유혹으로 말미암아 하나님께서 주신 사명을 감당하기 보다는, 하나님의 명령을 어기고 선악과를 따 먹고 눈이 밝아 하나님과 같이 되려고 하는 교만한 욕심 때문에 죄악에 빠지고 맙니다.

그 일로 인하여 아담은 에덴동산에서 쫓겨나고, 땅도 저주를 받아 황무해지고, 세상에는 죄악이 넘쳐나게 됩니다. 그래서 하나님께서 아담에게 주신 지상명령은 그야말로 불가능한 사명 즉 미션 임파서블(Mission impossible)이 되고 마는 것입니다.

두 번째 지상명령을 노아에게 주십니다

아담의 죄악으로 말미암아 인간에게 죄가 들어오고, 타락한 인간들은 하나님을 떠나 자신들의 뜻대로 살면서 온갖 죄악을 저지르며 살아가게 됩니다.

그래서 노아 시대에 이르러 하나님께서는 홍수로 온 인류를 심판하시고 하나님께서 보시기에 의로운 노아의 여덟 식구들만을 살려 두십니다.

그리고 홍수 후에 살아남아 방주에서 나온 노아에게 역시 하나님께서는 아담에게 주셨던 명령과 똑같은 지상명령을 주십니다.

하나님이 노아와 그 아들들에게 복을 주시며 그들에게 이르시되 생육하고 번성하여 땅에 충만하라 땅의 모든 짐승과 공중의 모든 새와 땅에 기는 모든것과 바다의 모든 고기가 너희를 두려워하며 너희를 무서워하리니 이들은 너희 손에 붙이웠음이라(창 9:1-2).

왜 이렇게 노아에게 주신 말씀이 천지창조 이후에 아담에게 주신 말씀과 똑 같은가 하면 하나님께서는 아담 이후로 죄 지은 인간들을 이 땅에서 모두 다 쓸어버리시고, 노아를 통하여 새 역사를 시작하시기 때문에 그렇게 말씀하신 것입니다.

그것은 천지 창조 이후에 다시 한 번 이 땅이 새롭게 창조되는 것과도 같은 것입니다. 그래서 노아에게도 역시 아담에게 주셨던 명령을 똑같이 주시는 것입니다.

그러나 인간은 역시나 인간입니다. 너무도 연약한 것이 인간인지라 노아가 지상명령을 받은 창세기 9장이 채 끝나기도 전에, 노아 가정에 죄악이 들어오고 맙니다.

그리고는 곧 이어지는 창세기 11장에서는 인간의 언어가 나누어지는 대사건의 시발점인 바벨탑 사건이 터지게 됩니다. 이걸 어찌합니까? 인간은 어쩔 수 없습니다. 방법이 없습니다. 전적인 타락입니다.

그 후에도 인간의 죄악은 계속되어 죄악과 징계와 회개와 회복의 역사를 반복하며, 변할 듯 변하지 않으며 좌절과 종말적인 삶에서 벗어나지 못하고 있습니다.

세 번째 지상명령을 제자들에게 주십니다

그렇게 죄에 빠져 소망 없는 인간을 구원하시기 위하여 마침내 하나님께서 약속하신 대로 메시야 즉 우리의 영원한 구원자이신 예수 그리스도께서 때가 되매 이 땅에 오십니다. 그리고 십자가에서 우리 죄를 위하여 죽으시고 부활하셔서 만왕의 왕이 되시고, 새로운 역사를 시작하게 되시는 것입니다.

예수님의 십자가의 죽으심은 단순한 죽으심이 아님을 이미 여러분은 다 잘 아시죠?

그렇습니다. 아담 한 사람이 죄를 지음으로 온 인류가 죄에 빠졌습니다. 이제는 죄 짓기 전의 첫 사람 아담처럼, 죄 없으신 하나님의 아들이신 예수 그리스도께서 성령으로 잉태되어 이 땅에 오심으로 우리 죄를 대신하여 십자가를 지심으로 우리 죄를 모두 용서해 주셨습니다.

그것을 증명해 주는 말씀이 있습니다. 우리 다함께 로마서 5장 18-19절을 보시겠습니다.

> 그런즉 한 범죄(아담)로 많은 사람이 정죄에 이른 것 같이 의의 한 행
> 동으로(예수님) 말미암아 많은 사람이 의롭다 하심을 받아 생명에 이
> 르렀느니라 한 사람(아담)의 순종치 아니함으로 많은 사람이 죄인 된
> 것 같이 한 사람(예수님)의 순종하심으로 많은 사람이 의인이 되리라
> (롬 5:18−19).

로마서 5장을 자세히 읽어 보시면 전체가 다 그 내용입니다.

예수님이 오시기 전에는 죄로 인하여 영원한 죽음이 인간을 지배
하고 있었다면, 예수님이 오신 후에는 예수님을 믿는 믿음 안에서
생명과 평안이 넘쳐나게 되었습니다.

그렇습니다. 그렇게 예수님은 새로운 시대를 여신 것입니다. 역
사(history)는 예수님을 중심으로 새롭게 시작되는 것입니다.

영어의 히스토리는 그분의 이야기 즉 역사는 예수님의 이야기라
는 것을 증명해 주고 있습니다. 그래서 예수님을 기점으로 역사는
기원전(BC−before Christ)와 기원후(AD−Anno Domini)로 나누어지게 되
는 것이고, 우리가 지금 쓰고 있는 2016년은 예수님이 오신 이후에
2016년이 되었다는 의미입니다.

이것은 마치 하나님께서 천지를 창조하시고 아담을 통해 새역사
를 시작하신 것처럼, 또한 노아 홍수 이후에 노아를 통하여 새로운
역사를 열어 가신 것처럼, 예수님께서도 모든 믿는 자들을 통하여
새로운 성령의 시대, 은혜의 시대, 믿음의 새로운 시대를 열어 가시

는 것입니다.

그리고 지속적으로 이루어질 하나님 나라의 확장을 위하여 제자들에게 가서 제자를 삼으라는 명령을 주시는 것입니다. 이것이 바로 지상명령의 근원입니다.

그런데 이번에는 다른 점이 있습니다. 아담에게 주신 명령이나, 노아에게 주신 명령이나 문구가 거의 다 같은데 왜 유독 예수 그리스도께서 부활하시고 승천하시기 전에 제자들에게 주시는 지상명령은 다를까요?

'왜 생육하고 번성하여 땅에 충만하고, 땅을 정복하고 다스리라'고 하지 않으시고 '너희는 모든 족속으로 제자를 삼으라'고 하셨을까요?

이제는 좀 색다르게 해보자 하셔서 그렇게 하셨을까요?

궁금하시죠? 좀 더 있다가는 궁금해서 돌아가실 것 같다고요? 그럼 안 되죠. 함께 창세기로 가서 생각해 봅시다.

Q. 아담 때나 노아 때는 아담이나 노아 외에 사람이 있었나요? 없었나요?

당연히 없었죠. 그래서 하나님께서 아담이나 노아에게 말씀하시기를 "생육하고 번성하여 땅에 충만하라, 땅을 정복하라, 모든 생물을 다스리라"고 하신 것입니다.

그러나 예수님께서 승천하실 때는 사람들이 많이 있습니까? 없습니까? 그렇죠? 많이 있습니다. 있어도 엄청 많이 있습니다.

그런데 예수님께서 "땅을 정복하라, 모든 생물을 다스리라"고 하셨다면 어떻게 되었을 것이라고 생각하십니까? 그렇게 되면 그게 바로 요새 날뛰는 이슬람 IS 과격 종교집단이 되는 것입니다. 그야말로 예수님 안 믿으면 싸워서라도 정복해야 한다고 생각하지 않겠습니까?

또 다르게 생각해보면, 만약에 예수님께서 그렇게 많은 사람들 즉 죄인들을, 노아 때처럼 다 쓸어버리시고 제자들에게도 "생육하고 번성하여 땅에 충만하라, 땅을 정복하라"고 하셨다면 하나님께서 스스로 거짓말 하시는 분이 되시는 것입니다. 왜냐하면 하나님께서 다시는 그렇게 인간들을 멸망시키지 않겠다고 약속하셨기 때문입니다.

그래서 예수님께서는 예수님 자신을 대신하여 이 땅을 변화시키고, 하나님의 나라를 건설 할 일꾼들 즉 제자들을 통하여 명령하신 것입니다. 그것이 바로 "너희는 가서 모든 족속으로 제자를 삼으라"고 하신 것입니다.

바로 그것은 창세기에서 아담과 노아에게 주신 "생육하고 번성하여 땅에 충만하라, 땅을 정복하라"고 하신 말씀과 동일한 내용입니다.

제자들이 예수님의 말씀에 순종하여 나가서 모든 족속으로 제자를 삼으면 이 세상은 하나님의 나라가 되고, 하나님의 백성들이 이 땅에 충만하게 되는 바로 창세기의 그 말씀이 성취되는 것입니다.

하나님의 전략이 바뀐 것뿐입니다. 명령의 내용은 조금도 바뀌지 않았습니다. 세상에 하나님을 믿는 사람들이 많아지고, 진정한 제자들이 이 땅에 번성하게 되면 자연스럽게 이 땅이 하나님의 뜻으로 정복되지 않겠습니까?

그것은 이 세상은 하나님의 자녀들이 주인이며, 하나님의 자녀들은 세상을 아름답게 가꾸고 지킬 의무가 있다는 것을 분명하게 보여주는 것입니다.

그래서 지금도 "모든 족속으로 제자를 삼으라"는 우리 주님의 지상명령은 우리 모두에게 새롭게 주어지는 것입니다.

"예수께서 나아와 일러 가라사대 하늘과 땅의 모든 권세를 내게 주셨으니 그러므로 너희는 가서 모든 족속으로 제자를 삼아"라는 이 말씀은,

예수 그리스도께서 이제 새 시대를 열어 가신다는 선포입니다. 죄와 죽음을 정복하시고 새로운 생명의 역사가 시작된다는 것입니다.

제사가 아니라 예수를 믿음으로 의롭게 되는 시대가 시작된다는 것입니다.

율법의 시대가 끝나고 은혜의 시대가 열린다는 것입니다. 예수님께서 진정한 안식일의 주인이 되심을 선포하시는 것입니다. 그래서

안식일도 주일로 바뀌는 것입니다.

우리들 모두는 주님의 지상명령을 받은 제자들입니다

죄와 사망을 이기시고 부활하신 예수 그리스도께서 이제는 새로운 역사를 주관해 가신다고 선포하시는 말씀입니다. 그렇게 위대한 지상명령은 만왕의 왕이신 예수 그리스도로부터 우리에게 주어졌습니다.

요즘에 보면 얼마나 많은 강력 사건, 사고가 일어나고 있는지, 그야 말로 밤새 안녕입니다. 살인, 강도, 강간, 폭력, 테러, 거짓, 불법, 사기 등 온갖 불법이 정치, 경제, 문화, 예술, 교육, 환경 등 모든 방면에 걸쳐서 독버섯처럼 피어올라 마치 종말론적인 현상이 한꺼번에 나타나고 있는 듯합니다.

그런 현상들을 보면서 여러분은 어떤 생각을 하셨나요?

이 세상 사람들이 모두 다 하나님을 믿는다면 얼마나 좋을까? 그러면 얼마나 살기 좋은 세상이 될까? 그렇게 생각하셨죠?

저랑 생각이 비슷하네요. 바로 그런 세상이 오게 하려면 하나님의 자녀들이 세상을 다스리고 가꾸어야 가능해지는 것입니다.

깜박 속으시면 안 됩니다. 예수님 외에 다른 소망이 없습니다. 아담 때를 보셨죠? 노아 때는 어떻고요? 더구나 예수님이 오셨는데도 보고서도 안 믿잖아요. 인간은 변하지 않습니다. 인간이 만든 정치,

경제, 문화, 예술, 교육, 환경 그 어떤 것도 소망이 될 수 없습니다.

21세기 과학 문명이 최고조로 발달한 이 시대를 보세요. 창세기보다 좀 나아지셨습니까? 더 사악한 방법으로 죄를 저지르는게 인간일 뿐입니다. 인간은 믿음의 대상이 아닙니다. 다만 사랑의 대상일 뿐입니다.

모든 족속이 예수님을 믿고 하나님의 자녀가 되어 하나님의 방법대로, 하나님의 말씀대로 살아갈 때 이 땅에 하나님 주시는 평안이 넘쳐나게 되는 것입니다. 그래서 우리는 전도하고 제자를 만들어 가는 일에 헌신해야 하는 것입니다.

제자를 삼으라는 명령보다 더 큰 명령이 없고, 제자를 삼는 것보다 더 완벽한 방법이 없고, 제자를 삼으려는 것보다 더 위대한 비전이 없는 것입니다.

그렇게 예수 그리스도의 제자가 된다는 것은 곧 하나님의 대사로 임명되는 것이고, 하나님의 동역자가 되는 기쁨을 얻는 것입니다.

이러므로 우리가 그리스도를 대신하여 사신이 되어 하나님이 우리로 너희를 권면하시는 것 같이 그리스도를 대신하여 간구하노니 너희는 하나님과 화목하라(고후 5:20).

우리는 하나님의 동역자들이요(고전 3:9).

모든 족속으로 제자를 삼으라고 하시는 예수님의 말씀에 순종하시겠습니까? 그렇다면 여러분의 일하는 그 현장에서 바로 지금부터 전도하시기 바랍니다. 그 순간부터 하늘과 땅의 모든 권세를 지니신 예수님께서 함께 일하심을 경험하게 될 것입니다.

또한 사도행전 1장 8절의 말씀에 "오직 성령이 너희에게 임하시면 너희가 권능을 받고"라고 말씀하신 것처럼 다이너마이트 같은 성령님의 능력을 체험하게 될 것입니다.

사람들이 복음으로 변화되는 것, 그것이 바로 하나님의 나라가 임하는 것이고, 하나님의 나라가 확장되는 것입니다.

우리 생애 최고, 최상의 기쁨은 바로

죽었던 영혼이 눈물을 흘리며 예수님을 믿고 주님께로 돌아오는 것을 보는 것입니다.

저는 그런 광경들을 전도하면서 많이 보았습니다. 그것이 오늘날의 저를 있게 했고, 아직도 전도의 현장에서 전도자의 삶을 살게 하는 원동력이 되게 합니다.

그 진가를 체험해 보시기 바랍니다.

당신의 삶에 놀라운 변화가 일어납니다.

그런 당신이 진정한 제자입니다.

새로운 시대를 열어가는 사람들 2

예수께서 나아와 일러 가라사대 하늘과 땅의 모든 권세를 내게 주셨으니 그러므로 너희는 가서 모든 족속으로 제자를 삼아 아버지와 아들과 성령의 이름으로 세례를 주고 내가 너희에게 분부한 모든 것을 가르쳐 지키게 하라 볼찌어다 내가 세상 끝날까지 너희와 항상 함께 있으리라 하시니라(마 28:18-20).

새로운 시대를 열어가는 사람들 2

너희는 가서 모든 족속으로 제자를 삼으라는 우리 주님의 말씀은 우리에게 주신 가장 위대한 사명이자 지상명령입니다.

주님의 지상명령을 받은 우리가 이 세상을 살아갈 때 하나님의 안목으로 살아갈 필요가 있습니다. 하나님의 안목은 그리스도인들이 갖는 비전이라고도 표현할 수 있습니다. 그리스도인의 비전은 하나님의 안목으로 세상을 바라보는 것입니다.

그렇다면 하나님의 안목은 무엇일까요? 그것은 바로 하나님께서 망원경을 가지고 지구라는 세상을 바라보실 때 어떻게 보셨는가를 생각해 보면 답이 금방 나올 수 있습니다.

하나님이 세상을 이처럼 사랑하사 독생자를 주셨으니 이는 저를 믿는 자마다 멸망치 않고 영생을 얻게 하려 하심이니라(요 3:16).

하나님께서는 이 세상의 모든 사람들이 예수님을 믿고 영원한 생명을 얻기를 간절히 원하고 계십니다. 그것 때문에 하나님께서는 이 땅에 예수님을 보내시고 사람들의 죄를 대신해서 십자가에서 죽게 하심으로 하나님의 사랑과 용서를 보여주셨던 것입니다.

예수님께서 승천하시기 전에 유언처럼 우리에게 주신 "모든 족속으로 제자를 삼으라"는 말씀도 바로 그것입니다. 쉽게 말씀드리자면 모든 사람이 예수님을 믿고 또 다른 사람들을 믿게 만들라는 바로 그 말씀입니다.

그렇게 하나님의 안목으로 세상 즉 사람들을 바라볼 때 문제는 간단하게 해결됩니다.

세상 모든 것에는 원리가 있습니다. 이 원리를 복잡한 상황 즉 현상에 대입만 시키면 문제는 간단하게 해결되고 풀어지는 것처럼, 하나님의 사역도 그렇게 복잡한 것이 아닙니다.

이 세상에는 두 부류의 사람들이 있습니다

세상에는 두 부류의 사람들이 있습니다. 바로 예수 믿는 사람과 믿지 않는 사람들입니다. 그리고 예수님을 믿는 사람들도 두 부류, 믿지 않는 사람들도 두 부류로 나눌 수 있습니다. 그렇다면 거기에 맞춰서 하나님의 말씀을 적용하면 모든 것이 끝납니다. 간단하지요?

자! 그럼 퀴즈를 풀어 보면서 주님께서 우리에게 주신 사명을 생각해 보도록 하겠습니다.

Q. 복음을 전해서 불신자가 예수님을 믿으면 어떻게 해야 하겠습니까?

Q. 또 복음을 듣고도 예수님을 믿지 않는 사람은 어떻게 해야죠?

생각이 복잡해지셨나요? 그렇게 어려운 문제는 아닌데 고민이 되셨어요?

불신자가 복음을 듣고 예수님을 믿었으면 당연히 육성해 주면 되고, 복음을 듣고도 아직도 예수님을 믿지 않으면 포기하지 말고 태신자를 삼으시면 되잖아요.

참 쉽죠? 이론은 그런데 실상은 그렇지 못하다고요? 그래서 우리가 하나님의 안목을 가지고 전도 제자화를 위해서 헌신해야 하는 이유가 거기에 있습니다.

그럼 두 번째로 생각해 볼 것은 예수님을 믿는 사람들도 두 부류의 사람이 있다는 겁니다.

Q. 어떤 부류들로 나눌 수 있을까요?

퀴즈가 아리송하게 다가오나요? 문제를 너무 어렵게 생각할 때

나타나는 현상입니다. 쉽게 생각해보세요.

그렇죠! 바로 새신자와 헌신자들, 즉 기존신자들로 나눠볼 수 있습니다.

Q. 그러면 예수님을 믿는 사람들 중에서 새신자는 어떻게 해야 하나요?

Q. 그리고 헌신자는 또 어떻게 해야 되죠?

새신자에 대한 힌트는 위의 불신자 문제에서도 나왔었는데요. 아직도 눈치를 못 채셨나요?

그렇죠! 새신자는 육성해 주면 되고요. 헌신자는요? 그렇습니다. 훈련하면 되지요.

제자훈련은 이렇게 간단한 문제입니다. 어느 누구나 예수님을 믿으면 먼저 믿은 사람들이 새신자를 육성해 주고, 새신자가 성숙한 신앙을 갖게 되면 다른 사람을 제자로 삼을 수 있도록 훈련시켜서 제자로 만들어 가는 것! 이것이 바로 주님이 우리에게 명령하신 지상명령을 성취하는 길입니다.

두 부류의 사람 이것이 바로 키포인트입니다.

우선 전도 제자화의 전체적인 개념을 이해하기 쉽게 정리된 표를 보시고 한 눈에 파악하시면 앞으로 가는 길을 잘 아실 수 있으리라 생각됩니다.

＊ 제자화의 목적

주님의 지상명령 성취(모든 족속으로 제자를 삼음)

＊ 제자화의 방법

영적 승법번식(디모데후서 2:2의 제자가 제자를 낳는 사역)

＊ 제자화의 과정

전도, 육성, 훈련, 파송(체계적인 제자화 과정)

＊ 제자화의 철학

1) 쉽고, 단순하고, 표준화되게 가르침(전수 가능하게 함)

2) 이론 40%, 실천사역 40%, 점검 20% (체질화되게 함)

3) 순장 1명: 순원 3~4명의 비율로 가르침(은사 개발, 팀웍을 이루게 함)

오늘 본문에는 제자 삼는 사역의 비밀 4가지가 숨은 그림처럼 나열되어 있습니다. 함께 비밀의 숲으로 가서서 숨겨진 보물을 한 가지씩 찾아가는 기쁨을 나누도록 하겠습니다.

제자가 되는 첫걸음은 바로 전도입니다

제자가 되는 첫 단계는 전도이며, 그것은 사람을 얻는 아주 기초적인 작업입니다. 전도하지 않고 사람을 얻으려 하면, 그것은 주님의 명령을 어기는 것이며, 이 땅에 하나님의 나라가 오게 하는데 걸림돌이 되는 불한당이 되는 것입니다.

왜냐하면 다른 사람이 열심히 땀 흘려 전도해 놓은 사람을 아무 노력도 없이 빼앗아 가려는 사람이기 때문입니다.

뜨끔했나요? 다름 아니라 전도하지 못해서 그랬다고요? 이제 부터라도 하시면 되지요. 뭘 그렇게 걱정하세요. 염려하지 마시고 퀴즈나 하나 풀어 보세요.

우선 본문을 다시 한 번 보실까요?

예수께서 나아와 일러 가라사대 하늘과 땅의 모든 권세를 내게 주셨으니 그러므로 너희는 가서 모든 족속으로 제자를 삼아 아버지와 아들과 성령의 이름으로 세례를 주고 내가 너희에게 분부한 모든 것을 가르쳐 지키게 하라 볼찌어다 내가 세상 끝날까지 너희와 항상 함께 있으리라 하시니라(마 28:18-20).

Q. 위의 본문에서 전도하라는 말씀이 있나요?

찾으셨나요? 네? 아무리 눈을 씻고 찾아봐도 전도라는 단어는 없다고요? 마치 숨은그림찾기처럼 어렵다고요? 누가 전도라는 단어를 찾으라고 했나요? 전도하라는 말씀을 찾으라 했지요.

본문에서 "아버지와 아들과 성령의 이름으로 세례를 주고"라는 말씀이 있습니다.

세례는 죄를 고백하고 하나님의 주권에 순종하며, 하나님의 백성으로 살겠다는 뜻이 담겨 있습니다. 그러므로 지금도 세례는 예수님을 구주로 고백하고 믿기 시작한 사람에게 주어지는 것입니다. 그래서 세례를 준다는 것은 새로운 사람 즉 전도해서 예수님을 처음 믿기 시작한 사람을 얻었다는 것을 의미합니다.

아하! 그렇구나 하고 이제는 이해가 되셨나요?

그런데 한 가지 의문점이 있습니다. 그것은 너희는 가서 사람들에게 세례를 주고 가르치고 지키게 해서 제자를 삼으라고 하지 않으시고, 먼저 제자를 삼아 세례를 주고 가르쳐 지키게 하라고 하신 것입니다.

그 말씀은 이렇게 이해하시면 됩니다. 장교를 만들려면 먼저 사관학교에 가야지요? 군인을 만들려면 훈련소에 입소를 해야지요? 그들은 그 순간부터 군인이 된 것입니다. 그러나 그들은 진정한 의미의 군인이 된 것은 아닙니다. 왜냐하면 끝까지 충성스럽게 훈련받고 부대에 배치 받아 실전에 투입되어 전사로 살아야 진정한 군인이 되는 것입니다.

그런 의미에서 본다면 본문의 "너희는 가서 모든 족속으로 제자를 삼아 아버지와 아들과 성령의 이름으로 세례를 주고 내가 너희에게 분부한 모든 것을 가르쳐 지키게 하라"는 말씀은 모든 사람들을 훈련소로 입소시키라는 의미입니다.

즉 모든 사람들을 진정한 제자로 만들려면 전도하고 가르치고 훈련시켜야 한다는 것입니다.

그런데 부끄러운 것은 전도가 아직도 어렵고 힘들다고요? 염려하지 마세요. 누구는 뭐 태어나면서부터 전도를 잘 했나요? 우리도 하면 되지요. 그럼요. 지금부터라도 열심히 하시면 얼마든지 잘 하실 수 있습니다.

다음의 퀴즈를 풀어보면서 머리도 식히시고, 새롭게 생각을 정리해 보도록 하시죠.

Q. 전도가 어렵습니까? 쉽습니까?

아니 이건 뭐 머리를 식히라더니 오히려 더 복잡해졌다고요? 전도를 많이 해 봤어야 전도가 쉽다든지, 어렵다든지 말을 할텐데, 어쩌다 하는 전도에 대해서 딱히 뭐라 할 말도 없고 해서 이러지도 못하고 저러지도 못하고 계시다고요?

제가 어려운 질문을 드려서 죄송합니다. 그러게 진작부터 전도를 좀 많이 하시지 그러셨어요. 교회서 전도대 나갈 때 자주 좀 따라 나가시고, 전도에 정 자신이 없으셨으면 전도지라도 슬쩍 한 장 주시고 뒤에 서 계셨어도 좋았을텐데……. 지금은 후회가 되시죠?

하여튼 용서해 드릴테니까 마음잡으시고 솔직하게 대답해 보세요.

네 여러 가지 대답들이 있네요. 그렇죠. 다 각각 다를 수도 있죠. 전도가 쉬운 사람도 있고, 어려운 사람도 있고 그렇죠.

그렇다면 퀴즈를 하나 더 내 드리겠습니다.

Q. 만약에 전도가 어렵다면 전도가 진짜 어려워서 어려울까요? 전
　　도를 많이 안 해 봐서 어려울까요?

여러분은 전자입니까? 후자입니까?

어떤 분들은 진짜 전도가 어려워서 전도를 못 할 수도 있습니다. 그러나 대부분의 사람들이 전도를 많이 안 해봐서 전도가 어렵다는 데에 동의하실 것입니다.

상식적으로 생각해봐도 이건 너무도 분명한 일입니다. 세상의 무슨 일이든지 처음 해 보거나, 또한 많이 안 해보면 당연히 어렵습니다. 누구든지 처음해보는 일에는 두려움이 있게 마련입니다. 그러나 한 번 해보고, 두 번 해보고 자꾸 하다보면 숙달이 되고, 익숙하게 되어 자연스럽게 되는 것입니다.

전도도 역시 마찬가지입니다. 전도를 한두 번 해보고 잘 안 된다고 포기하고, 두려움을 갖게 되는 것을 수도 없이 많이 보아 왔습니다. 그것이 안타깝습니다. 전도에 훈련이 안되어서 그렇습니다. 누구나 하면 되는데 조금 하다가 포기하는 것입니다. 거기서 더 발전이 없습니다. 그러니 늘 그 수준에서 생각하게 되고, 전도라는 말만

들어도 기가 죽고, 얼굴이 사색이 되고, 영원히 해결하기 어려운 숙제로 알고 조용히(?) 신앙생활 하시는 분들이 너무도 많습니다.

아니면 나는 전도를 못하니까 전도 대신에 봉사를 하고, 헌금도 더 많이 하고, 섬기면서 신앙생활 해야 하겠다고 생각하시는 분들도 계십니다.

그렇지만 그건 아니죠. 예수님께서 누구에게는 봉사하고 헌금하는 사명을 주시고, 누구에게는 전도하는 사명을 주시고 그러신게 아닙니다. 목사, 장로, 권사, 집사나 일반 성도 등 직분에 상관없이, 남녀노소 지위고하를 막론하고 누구에게나 전도하라는 사명을 주셨습니다.

사람에 따라서 잘하고 못하고의 차이는 있을 수 있습니다. 그러나 열매를 적게 맺었다 많이 맺었다에 신경 쓰시지 마시고 전도하시면 하나님께서 다 알아 주십니다.

아예 전도에 대해서 신경을 꺼 버리시고 살지 마시라는 것입니다. 전도의 안테나를 세우고 살아가신다면 누구를 만나시든지 간에 간단한 전도지라도 건네면서 복음을 전할 수 있습니다. 그것이 주님께서 주신 사명을 감당하는 삶입니다.

누구나 다 하는 전도를 자유롭게 하고 싶은데 훈련 받지 않아서 잘하지 못하고, 전도를 하기도 전에 겁부터 먹고 포기 한다면 얼마나 억울합니까? 더 나아가 전도에 대한 열정이 있다면 시간을 내서 전도훈련을 받으면 되지요. 어려운 일이 아닙니다. 하려고 할 때 길이 열리고, 방법이 생기게 됩니다. 그렇게 전도하는 순간부터 진정한 주님의 제자가 되는 것입니다.

하나님을 알아가도록 가르치는 것이 육성입니다

전도 한 다음에는 사람들을 가르쳐 지키게 하는 것입니다.
도표를 정리해서 보면 한 눈에 들어옵니다.
* **가르치는 것 – 교육이며 – 지식적인 것을 의미하고 – 일회적일 수**
  있으며
* **지키게 하는 것 – 훈련이며 – 생활적인 것을 의미하고 – 체질화 되**
  게 반복적인 것입니다.

제자훈련을 잘 하셨던 목사님께서 하신 말씀 가운데 "누구든지 가르치든지 배우든지 하라"고 하셨습니다.
그렇습니다. 비밀의 숲에 숨겨진 두 번째 비밀은 바로 가르치는 것입니다.

Q. 그러면 무엇을 가르치라고 하셨나요?

당황하셨습니까? 후다닥 넘겨서 본문을 찾아보면 되지요.
찾으셨나요? 한번 말씀해 보세요.

내가 너희에게 분부한 모든 것을 가르쳐 지키게 하라(마 28:20).

예수님께서 제자들에게 말씀하신 모든 것들 즉 예수님의 말씀과 구약의 모든 내용들을 가르치는 것입니다.

> 모든 성경은 하나님의 감동으로 된 것으로 교훈과 책망과 바르게 함
> 과 의로 교육하기에 유익하니 이는 하나님의 사람으로 온전케 하며
> 모든 선한 일을 행하기에 온전케 하려 함이니라(딤후 3:16-17).

성경은 우리로 하여금 이 험한 세상에서 바르게 살아갈 나침반과 같은 역할을 합니다. 그래서 예수님의 제자로서 온전한 삶을 살아가기 위해서는 제자의 삶의 표준이 되는 하나님의 말씀에 대한 풍부한 지식이 필요한 것입니다.

그것은 신학을 하고 목회자가 되든지, 그렇지 않든지 상관없이 되어져야 하는 일입니다.

제자로 살아가려는 사람이 하나님의 말씀에 대한 갈망과, 다음 세대를 가르쳐 제자로 삼을 준비, 그리고 전도를 할 때 불신자들에게 대답할 진리의 말씀이 준비되지 못했다면 아직도 영적으로 연약한 상태라는 것을 부인할 수 없습니다.

그렇다면 하나님을 바로 아는 것이 왜 그렇게 중요합니까? 속담에 "아는 것이 힘이다"라는 말씀이 있습니다. 또 다른 표현에 "아는

만큼 보이고, 아는 만큼 들린다"라는 말도 있습니다.

그렇습니다. 아는 것이 중요합니다. 하나님을 잘 알아야 하나님을 잘 섬길 수 있습니다. 잘 믿는다는 것은 하나님의 뜻을 잘 알고 그 뜻대로 살아가는 것을 말합니다. 그래서 호세아 선지자도 "그러므로 우리가 여호와를 알자 힘써 여호와를 알자"라고 소리 높여 외치고 있는 것입니다(호 6:3).

하나님을 바로 알지 못하고, 하나님의 말씀을 잘 듣지 않으면 우리의 신앙생활에 심각한 결과를 초래할 수 있기 때문에 그렇습니다. 그 경고의 말씀이 다음과 같이 소개되고 있습니다.

> 나도 너희가 아브라함의 자손인줄 아노라 그러나 내 말이 너희 속에
>
> 있을 곳이 없으므로 나를 죽이려 하는도다(요 8:37).

아무리 아브라함의 자손들이라 할지라도 하나님을 바로 알지 못하고, 예수님의 말씀을 마음에 새기지 않으면 제자로서의 삶을 살기가 어렵습니다. 도리어 교회와 사람들에게 부담을 주는 사람이 될 수도 있다는 것을 잘 알아야 합니다.

다음 질문을 통하여 나의 상태를 점검해 보는 것은 새로운 출발을 위한 일입니다.

Q. 여러분은 지금 성경공부를 지속적으로 하고 계십니까? 아니면

제자화의 철학 1번에서 보시다시피 가르치는 원칙은 쉽고, 단순하고, 표준화되게 가르쳐야 합니다. 그래야 또 다른 사람에게 전수 가능하게 됩니다.

사도 바울도 디모데후서 2장 2절에서 "또 네가 많은 증인 앞에서 내게 들은 바를 충성된 사람들에게 부탁하라 저희가 또 다른 사람들을 가르칠 수 있으리라"고 하셨습니다.

배운 것이 나에게서 끝난다면 그것은 참으로 비극입니다.

우리의 인생은 유한하고, 시간이 부족하기 때문에 많은 제자들을 키워야 합니다. 내가 가르친 사람이 또 다른 사람들을 가르쳐서 제자로 삼는 것을 보아야 합니다. 그래서 쉽고, 단순하고, 표준화되게 가르치는 것입니다.

한 가지 예를 들어 봅시다. 군대예기를 하면 여자분들이 제일 싫어 하신다는데 그래서 조금만 하겠습니다.

저는 군대에서 군종병을 하면서 자랑스런(?) 병장으로 제대를 했습니다. 저는 제가 군대를 제대하면서도, 한편으로는 군대가 멀쩡하게 유지되려나 걱정을 하기도 했지만 그건 참으로 쓸데없는 걱정이었습니다. 오히려 내 밑에 있는 졸병들이 어서 빨리 제가 제대하기를 바라고만 있었습니다.

왜 그렇습니까? 왜 제가 제대를 해도 군대는 멀쩡하게 돌아가고,

국가 방위에는 아무 문제가 없을까요? 그것은 바로 이것입니다. 제가 졸병이었을 때 저에게 포술과 전술을 가르쳐준 사람은 바로 제 사수였습니다. 그리고 그 훈련을 제가 제 졸병에게 가르쳐 주었습니다. 그리고 제자 제대할 때쯤에는 그 졸병은 또 그 밑의 졸병에게 전술을 가르쳐주고 있었던 것입니다.

그래서 군대는 고참이 제대를 해도 무너지지 않고 그 밑의 졸병들이 그 모든 것들을 이어 받아 군대가 유지되는 것입니다.

이것이 바로 제자훈련입니다. 표준화된 내용을 쉽고, 단순하게 가르쳐서 언제라도 전쟁에 활용할 수 있어야 제대로 된 군인을 키웠다고 볼 수 있는 것입니다.

그런 것처럼 성도들이 성경적인 지식을 아무리 많이 배워도 삶에 적용이 안되고, 제자의 삶을 살지 못한다면 그것은 죽은 믿음이 되는 것입니다.

하나님께서는 준비된 자를 쓰십니다. 큰 그릇을 준비하고, 깨끗하게 씻어 놓으면 언젠가 그 그릇이 필요할 때 요긴하게 쓰임 받게 됩니다.

훈련은 말씀을 지키게 될 때까지 반복하는 것입니다

이제 비밀의 숲에 숨겨진 세 번째 비밀은 바로 지키게 하는 것입니다.

지키게 하는 것은 훈련입니다. 지식적인 것이 아니라 생활적인 것이고, 체질화 되게 반복적인 활동을 의미합니다. 그것은 하루아침에 되는 일이 아닙니다. 자신과의 싸움에서 끊임없이 반복적인 일을 통하여 눈 감고 해도 잘 하도록 능숙해지는 것입니다.

제자가 제자를 낳는 영적 승법번식은 강력한 훈련이 있어야 끊어지지 않아야 합니다.

그래서 제자화의 철학 2번에서는 이론교육 40%, 실천사역 40%, 점검 20%의 비율로 가르칩니다. 교실에서 배운 것들을 토의와 연습을 통해서 완벽하게 소화하고 실천사역을 통하여 체질화되는 것입니다.

그렇게 하지 않으면 지식적인 것을 배우는 것만으로 제자훈련이 끝나기 쉽습니다. 그렇게 실천사역이 없는 것은 진정한 제자훈련이라고 하기 어렵습니다.

군대예기가 아무리 싫어도 한 번만 더 하겠습니다.

신병훈련소에서 실탄사격 훈련을 실시하기 전에 사격술예비훈련 일명 피알아이(PRI-Preliminary Rifle Instruction)라는 훈련을 합니다. 그것을 훈련병들은 흔히 '피가 나고, 알이 박히고, 이가 갈리도록 해야한다'고 표현하기도 합니다. 그만큼 힘들게 훈련해야 제대로 된 용사로 거듭나기 때문에 그렇습니다.

성경에서도 좋은 일들은 끊임없이 반복되어 기록되어 있습니다. 사랑하라, 기도하라, 전도하라 등등 좋은 것들은 그렇게 반복되어 기록된 것을 볼 수 있습니다.

제자훈련을 언제까지 해야 하느냐? 그 해답은 간단합니다. 지킬 때까지 가르쳐야 하는 것입니다.

다시 말씀드리자면 체질화 될 때까지 해야 하는 것입니다. 그것을 우리는 흔히 훈련이라고 표현하기도 합니다.

그래서 제자공부라고 하지 않고, 제자훈련이라고 표현하는 것입니다.

강한 훈련만이 강한 군사를 만들어 냅니다. 제자는 태어나는 것이 아니라 훈련으로 만들어 진다는 말이 있습니다. 사람은 똑 같지만 어떤 훈련을 받느냐에 따라 주어지는 임무도 달라지는 것입니다.

그러면 우리도 제자로서 어디쯤 가고 있는지 점검해 볼 필요가 있지 않겠어요?

'에이, 뭐하러 힘들게 그러세요?' 하는 분도 계실 것입니다. 그래도 영적 건강을 위해서 건강검진 받듯이 문진표를 작성해 보시는 것도 좋죠.

한우 소고기도 일등급이 좋지요. 더 나아가 A+, A++ 등으로 최고급 품질을 따지죠?

점수는 자신이 알아서 양심껏 주시면 됩니다.

물론 잘하고 계시다면 점수가 많이 나오겠죠!

* 지속적으로 전도는 하고 계십니까?   1 2 3 4 5 6 7 8 9 10

* 날마다 성경묵상(큐티)를 하십니까?   1 2 3 4 5 6 7 8 9 10

* 성경읽기는 잘 하고 계십니까?   1 2 3 4 5 6 7 8 9 10

* 기도의 삶으로 하루를 시작하십니까?   1 2 3 4 5 6 7 8 9 10

* 공식적인 예배에 잘 참석하십니까?   1 2 3 4 5 6 7 8 9 10

* 성경공부나 훈련을 받으십니까?   1 2 3 4 5 6 7 8 9 10

* 다른 사람을 육성해 주고 있습니까?   1 2 3 4 5 6 7 8 9 10

문제가 어려웠나요? 작성하는데 부담이 되지는 않으셨나요? 점수는 공개하지 않으셔도 좋습니다.

영적 건강이 좋지 않다고 판정이 되셨다면 빠른 시일 내에 수술을 하시든지 치료를 받으셔야 능력있는 성령 충만한 삶을 살아갈 수 있으시다는 것 잊지는 마세요.

파송은 가라는 말씀에 순종하는 것입니다

하나님의 자녀이면 누구나 하나님의 명령에 순종해야 합니다.

예수님께서는 제자들에게 "가라"고 명령하십니다. 가만히 앉아서 사람들이 오기를 기다리지 말라는 것입니다. 현장에 가야 일을 할 것이 아니겠습니까?

하나님께서 역사하시는 것을 보고 싶습니까? 기도의 응답이 되는 것을 보고 싶습니까?

그렇다면 순종하심으로 사역의 현장에 나가신다면, 하나님께서 여러분을 통하여 어떻게 일하시는가를 생생하게 체험하게 될 것입니다.

현장에서 일을(사역을) 해봐야 핍박을 당하든지, 사람들이 믿고 돌아오든지 할 것이 아니겠습니까? 아무 것도 안 해보고 실패하기 보다는, 위대한 일을 하고 그 결과는 하나님께 맡기는 것이 더 중요하지 않겠습니까?

우리는 때론 준비되지 않아서 현장에 가지 못하고, 어떤 이들은 두려움에 너무도 소극적이고, 또 다른 사람은 준비는 되었지만 게으르고 이기적이어서 가지 못하는 경우가 많습니다.

많이 가진 사람들 중에는 그것들을 다 정리하지 못한 채 무거운 인생을 살아가면서, 그 자리를 떠나지 못하고 맴도는 사람들도 있습니다.

권력에 발목이 잡히고, 부귀영화에 눈이 멀고, 혈육이 가슴을 울려서 사역현장으로 또는 선교지로 떠나지 못하고 주저하는 사이에, 선교지의 죽어 가는 영혼들은 오늘도 간절하게 "건너 와서 우리를 도우라"고 손짓하여 부르고 있습니다.

배는 항구에 메어 놓기 위하여 만든 것이 아닙니다. 거친 바다를 항해하며 고기를 잡든지, 사람들을 실어 나르는 여객선이 되든지 해야 그 배는 배로서 진정한 존재 가치를 인정받게 될 것입니다.

그렇게 할 일을 다 한 후 배가 낡아서 폐기 치분이 되듯이, 우리늘도 하나님을 위해서 사역하다가 늙고 병들어 죽게 되면 그렇게 자랑스럽게 사라져 가는 것입니다.

그렇다면 선교지에 누가 가야 합니까? 다음 질문에 사심 없이 대답해 보시기 바랍니다.

Q. 선교지에 성경 지식이 풍부하고 사역 경험이 많은 사람이 가는 것이 좋습니까? 아니면 이제 막 신학교를 졸업하고 목회를 시작하려는 사람이 가는 것이 좋습니까?

그 물음에 대해서 사도행전은 분명하게 좋은 모델을 제시하고 있습니다. 사도행전 11장에서는 스데반의 일로 일어난 환난을 인하여 흩어진 사람들이 베니게와 구브로와 안디옥까지 이르러 복음을 전함으로 놀라운 부흥의 역사가 일어납니다. 이때 예루살렘 교회가 안디옥에 바나바와 사울을 안디옥으로 파송하는 일이 11장 19-26절과 13장 1-3절에 기록되어 있습니다.

선교지나 타문화권에 가서 사람들을 전도하고, 가르치고, 제자를 만들려면 많은 어려움이 있을 수 있습니다. 숱한 어려움들을 이기고 믿음으로 승리하며, 하나님의 말씀을 잘 가르치는 사람이 필요한 이유입니다.

그런 의미에서 선교지에는 주님을 위하여 헌신된 사람, 하나님의 말씀에 대한 풍부한 지식이 있는 사람, 사람들을 가르치고 제자화의 경험이 있는 사람을 보내야 합니다.

교회에서 충분히 훈련되고 많은 경험과 지도력을 발휘하는 위치에 있는 사람들이 선교지에 가게 된다면 후배들에게 모범을 보이는 일이요, 자신의 경험과 달란트를 십분 발휘하여 많은 일들을 더 잘 감당할 수 있게 될 것입니다. 그런 의미에서 예루살렘 교회가 바나바와 바울을 파송한 것은 지극히 당연한 것이었습니다.

한편으로는 젊고 의욕이 넘치는 사람을 보내는 것도 좋겠지만, 젊은 사역자가 선교지에서 겪는 문제는 너무 커서 사역에 집중하지 못하는 되는 경우가 너무도 많습니다. 가장 큰 문제는 사역 경험의 부족과 자녀 교육입니다.

지금 여러분을 대신 할 사람이 있습니까?

이제 마음을 푸시고 가볍게 다음 문제에 대답해 보세요.

Q. 할머니 또는 할아버지가 되는 두 가지 방법을 말해 보세요.

그렇죠! 한 가지는 자녀가 결혼해서 손주를 보면 되는 것이고, 또 다른 방법은 자연스럽게 나이가 들어서 늙어서 머리도 하예지고 그러면 되지요.

그런데 한 가지만 더 퀴즈를 내드리겠습니다. 진심을 말해 주세요.

Q. 여러분은 어떻게 할머니 할아버지가 되고 싶으세요?

그냥 나이가 들어서 사람들에게 할머니 할아버지라고 불리고 싶으시나요? 아니면 손주를 보시고 할머니 할아버지가 되고 싶으신가요?

대부분의 사람들은 손주를 보시고 싶어 하실 것입니다. 그렇게 늙어 가는 것이 노년에 보기도 좋고, 보람도 있고, 사는 재미도 있지 않겠습니까?

그런데 영적인 삶에서는 어떻습니까? 그냥 평범한 교인으로 또는 헌금 잘하고 봉사 잘하고 예배 잘 드리는 착하고 훌륭한 교인으로만 평생을 사시겠습니까?

아니면 내가 전도해서 전도한 사람을 교회에 잘 정착시키고, 그 사람을 잘 가르쳐서 또 다시 제자 낳는 사람이 되는 것을 보고 싶으신가요?

영적인 제자를 낳고, 또 그 제자가 성장하여 훈련 받고 제자를 낳는 영적 승법번식의 삶! 우리는 이러한 삶을 꿈꾸기 위해 디모데후서 2장 2절의 말씀을 눈여겨봐야 할 필요가 있습니다.

또 네가 많은 증인 앞에서 내게 들은 바를 충성된 사람들에게 부탁하라 저희가 또 다른 사람들을 가르칠 수 있으리라(딤후 2:2).

바울은 그렇게 로마 감옥의 암울한 곳에서도 밝고 밝은 하늘나라를 사모하면서 영적인 아들 디모데에게 영적 4세대를 기대하면서 간절하게 부탁했던 것을 봅니다.

제가 예언을 하나 하고 마치겠습니다. 저는 정통이라고 자부하는 장로교단 출신입니다. 따라서 함부로 예언을 하지 않습니다. 그런데 지금은 분위기가 예언을 해도 좋을 듯합니다. 그리고 제가 하는 예언은 반드시 이루어집니다. 그만큼 신령(?)하다고 보시면 됩니다.

예언을 받을 준비가 되셨습니까? 웃지 마시고, 이 중요한 시간에 웃으시면 안 되고요. 마음을 집중하셔서 예언을 받으시기 바랍니다. 자 예언을 합니다.

"저와 여러분은 언젠가는 죽습니다."

저기 저 분은 배를 잡고 어쩔 줄 몰라 하시면서 좋아 하시네요. 좋아하는게 아니라 어처구니가 없어서 그렇다고요? "그럼 그렇지 무슨 예언이야" 하시는 분도 계시네요.

그러면 한 마디 더 하겠습니다.

"그럼 저와 여러분이 죽고 난 다음에 저와 여러분을 대신할 사람이 있습니까?"

저와 여러분을 대신해서 주님의 사역을 감당할 사람들이 얼마나 있느냐 이 말입니다.

왜 조용해 지셨습니까? 그런 사람이 없나요? 그렇다면 여러분은 아직 이 세상을 떠나시면 안 됩니다. 아직 이 세상에서 하실 일이 남아있다 이 말씀입니다.

그것은 바로 주님이 우리에게 맡기신 지상명령 즉 이 땅에 제자를 만드는 위대한 일입니다. 그것을 사람들은 사명이라고 말합니다.

주님이 우리에게 주신 사명을 이루기 전까지 우리는 이 세상을 떠날 수 없습니다. 그것이 바로 자기 십자가를 지는 것입니다.

십자가 없이 면류관 없다는 것은 누구나 다 잘 알잖아요.

그러면서도 언제나 면류관부터 쓰려고 하시지는 않나요?

사람들이 알아주든지 알아주지 않든지, 주님의 사명을 묵묵히 감당하면서 하루하루 전도하고, 육성하고, 훈련하다 보면 하늘의 상급이 주어지는 것을 보게 될 것입니다.

제가 한 예언이 이루어지는 날

마음 편하게 눈을 감고 주님을 생각하실 때

천군 천사가 아름다운 나팔을 불지 않겠어요?

"내가 줄 면류관이 여기 있다" 하시면서…….

11

어떻게 사느냐가 중요합니다

또 무리에게 이르시되 아무든지 나를 따라 오려거든 자기를 부인하

고 날마다 제 십자가를 지고 나를 좇을 것이니라(눅 9:23).

어떻게 사느냐가 중요합니다

인생을 살다보면 누구나 한 번쯤은 삶을 포기하고 죽고 싶다는 생각을 하게 되기도 합니다. 그만큼 세상은 살기 힘들고 험악한 일들이 많다는 것을 의미하는 것이기도 하겠지요.

하긴 요즘에는 3포 세대니, 5포 세대(연애, 결혼, 출산, 인간관계, 내 집 마련 포기)니 하는 유행어가 2030세대라고 하는 젊은이들 사이에서도 낯설지 않게 들리는 것이 사실입니다.

사실 우리나라의 자살률은 경제협력개발기구(OECD) 회원국 중 2015년도에도 최고를 기록했습니다. 이 기록은 10년 연속 1위의 불명예를 이어가고 있습니다. OECD의 건강통계 2015를 보면 2012년 기준 한국의 자살률은 인구 10만 명당 29.1명으로 OECD 평균인 12.0명보다도 훨씬 높다고 통계는 기록하고 있습니다.

하여튼 세상 살기 힘들지만 조금만 참으시면 쨍하고 해 뜰 날이 오지 않겠습니까?

오늘도 죽고 싶다는 생각이 드시는 분들을 위하여 유머 한 가지를 소개해 드리려고 합니다. 맘껏 웃으시고 생전에 한 번도 살아보지 않은 새날, 새생명을 새롭게 사시기를 바랍니다.

* 죽고 싶다는 생각이 들면 하루 동안 아무것도 먹지 말아 보세요. - 배고파 죽습니다.
* 죽지 않았다면 앞선 하루 동안 못 먹었던 음식을 쌓아놓고 다 먹어 보세요. - 배 터져 죽습니다.
* 이것도 안 되면 하루 동안 아무 일도 하지 말아 보세요. - 심심해 죽습니다.
* 그래도 안 죽으면 자신을 힘들게 하는 일에 맞서서 두 배로 일해 보세요. - 힘들어 죽습니다.
* 혹시 그래도 안 죽으면 500원만 투자해서 즉석복권을 산 뒤 긁지 말고 바라만 보세요. - 궁금해 죽습니다.
* 잠시 후 죽을랑 말랑 할 때 긁어 보세요. 반드시 꽝일 것입니다. - 그러면 열 받아 죽습니다.
* 그렇게 하고도 못 죽었다면 홀딱 벗고 거리로 뛰쳐나가 보세요. - 쪽팔려 죽습니다.

그만 좀 웃으시고 제 말 좀 들어 보세요. 제가 왜 이 글을 소개했는지 아세요? 그것은 다음과 같이 기록된 이 글의 마지막 두 줄 때문입니다.

"이상의 방법으로도 죽을 수 없다면, 그것은 아직 당신이 이 세상에서 할 일이 남아 있기 때문입니다."

제가 이 글의 마지막에 기록된 두 줄에 읽을 때 큰 망치로 제 머리를 한 방 맞는 듯한 충격을 받았습니다.

만약에 이 글의 마지막에 기록된 두 줄이 없었다면 그냥 보통 유머와 별반 다르게 없는 글이었을 겁니다. 그런데 마지막 그 두 줄이 인생을 새롭게 바꾸어 놓는 비상한 글로 만든 것입니다.

이 세상의 어느 한 사람도 쓸모없는 사람은 없으며, 어느 누구도 자신의 사명이 없는 사람이 없습니다. 다만 이렇게 소중한 사명을 발견하지 못하고 인생을 허비하고, 자신을 무능한 사람으로 여기고, 삶을 그럭저럭 살아가는 것뿐입니다.

세상에 풀 한포기 조차도 의미 없이 그냥 생긴 것이 없습니다. 하물며 만물의 영장인 인간이 그냥 아무 의미 없이 이 세상에 태어났겠습니까? 뭔가 할 일이 있어서, 어디엔가는 의미있게 쓰임 받기 위해서 태어났다는 것을 생각해 보시고 그 사실을 받아들이시기 바랍니다.

그러면 사명을 발견하는 그 순간부터 인생은 180도 바뀌게 됩니다. 의미있는 삶을 위하여 행동하게 됩니다. 말하는 것, 먹는 것, 생각하는 것 모두가 의미있는 것으로 바뀌게 됩니다.

그렇게 인생을 의미있게 180도 바꾼 한 사람이 있습니다.

한국에 여러 번 방문하여 집회도 해서 우리에게는 이미 유명인사가 되어버린 닉 부이치치(Nick Vujicic)입니다.

그는 두 팔이 없고, 두 다리 조차도 비정상적으로 태어난 그야말로 몸통이만 있는 고도장애자입니다. 그러나 그는 하나님 안에서 자신의 사명을 깨닫고, 세계에 다니며 자신의 삶을 통하여 일하시는 하나님의 사랑을 간증합니다. 정상인 이상으로 큰일을 해내고 있습니다.

닉 부이치치는 하나님 안에서 자신의 삶에 대한 의미를 찾기 전에는 죽고 싶다는 생각을 수없이 했다고 합니다. 그는 다음과 같은 고백을 했습니다.

"하나님이 계시다면 어떻게 나에게 이런 일이 생길 수 있는 것일까 생각했다. 나는 정말 내 인생을 끝내고 싶었다. 정말 화가 났다. 하나님께 물었다. 왜 나입니까? 증명하십시오. 당신이 진짜라면...그런데 이유가 있었다. 하나님은 나에게 특별한 계획이 있으셨고, 그는 내가 그 일을 하기 위해 강하기를 원하셨다. 예수님은 늘 함께하시며, 우리 한 사람 한 사람이 제한이 없는 예수님의 몸이다."

또한 그는 수많은 사람들에게 다음과 같은 소망의 메시지를 줍니다.

"넘어졌을 때 다시 일어나지 않는다면 영원히 넘어진 채로 남아있다. 그러나 가끔 너무 힘들어 자신이 없다. 그러나 100번을 넘어진다고 해도 포기하지 않는다면 일어날 수 있다. 몇 번을 실패했는지는 중요하지 않다. 내가 다시 일어나는 것이 중요하다."

그는 지금도 수영, 드럼연주, 서핑, 보드를 즐깁니다. 또한 대학을 마치고 수많은 나라들을 순회하며 400만 명 앞에서 복음을 전했고, 매년 270회 이상 강연합니다. 지금은 결혼을 하고 자녀까지 두고 있습니다. 그는 이런 자신이 행복하다고 고백하면서 모든 사람들에게 행복하라고 권면하고 있습니다. 예수님을 만나면 이와 같이 인생이 변화됩니다.

그렇게 예수님을 만나서 변화된 삶 가운데 새로운 사명을 발견하고 초대교회의 역사를 새롭게 쓴 한 사람을 갈릴리 바닷가에서 만나고자 합니다. 그의 이름은 베드로입니다.

그는 어느 날 갈릴리 바닷가에 먼동이 터오고 밤새 고기를 잡느라 애썼지만 빈 배로 돌아와 참참한 심정으로 그물을 정리하고 있었습니다. 그런데 예수님께서 그에게 다가오시더니 배를 육지에서 조금 띄기를 청하십니다. 얼마간의 시간이 흐르고 강론이 끝나셨는지 베드로에게 말씀하십니다.

"깊은 데로 가서 그물을 내려 고기를 잡으라."

참 이해가 되지 않았습니다. 예수님은 어부도 아니고, 우리가 밤새도록 고기를 잡아 봤지만 한 마리도 못 잡았는데 도대체 어쩌라는 거지라고 생각하다가 '그래 일단 하라는 대로 해보자' 하고 그물을 내립니다.

그런데 이게 웬일입니까? 그렇게 밤새 한 마리도 안 잡히던 고기가 두 배에 가득 차게 잡혔습니다. 그것을 본 베드로는 예수님의 무릎 아래 엎드려 "주여 나를 떠나소서 나는 죄인이로소이다"라고 고백하고 맙니다.

예수님을 인격적으로 만남을 소명(召命)이라고 합니다

그렇습니다. 누구나 예수님을 인격적으로 만나면, 자신이 너무도 초라하고 보잘 것 없는 죄인에 불과하다는 것을 인정하지 않을 수 없습니다. 그래서 나 같은 죄인 살리신 주님의 은혜를 찬송하게 됩니다.

사도 바울도 갈라디아서 2장 20절에서 다음과 같이 고백했습니다.

> 내가 그리스도와 함께 십자가에 못 박혔나니 그런즉 이제는 내가 산 것이 아니요 오직 내 안에 그리스도께서 사신 것이라 이제 내가 육체 가운데 사는 것은 나를 사랑하사 나를 위하여 자기 몸을 버리신 하나님의 아들을 믿는 믿음 안에서 사는 것이라(갈 2:20).

이렇게 자기 자신을 철저하게 부인하고, '나는 죄인입니다'라고 고백하면서 주님 앞에 나아오는 것을 하나님께서 구원의 자리로 부르셨다는 소명(召命)이라고 합니다. 또한 그것을 우리는 흔히 주님을 만난 첫사랑이라고 말하기도 합니다.

누구나 예외 없이 예수님을 처음 믿고 구원의 확신을 갖게 되면, 말로 형언할 수 없는 기쁨과 놀라운 하나님의 사랑을 경험하게 되는 것을 보게 됩니다.

그러나 누구나 다 똑같은 경험을 하도록 하나님께서 역사하시지 않습니다. 각각의 인격과 상황과 성품과 믿음에 따라 다르게 나타나기도 합니다.

오늘 본문에 예수님께서 말씀하신 자기를 부인한다는 것은 바로 그런 것입니다. 베드로와 같이 예수님 앞에 '나는 죄인입니다. 나는 아무 것도 아닙니다. 나는 내 인생의 주인이 아닙니다. 나는 예수님이 아니면 죽을 인생입니다' 라고 고백하는 것입니다.

'예수님이 아니면 내 인생은 아무 의미가 없습니다. 나는 주님의 능력과 성령충만함이 없이는 살아갈 수 없는 사람입니다. 주님께서 나와 함께 하시지 않으시면 아무것도 할 수 있는 것이 없습니다'라고 하는 것이 나를 부인하는 것입니다.

그래서 순간순간 주님을 의지하고 기도하고 나아가며, 자기 생각과 인간적인 욕심을 버리고 말씀에 순종하여 성령충만한 삶을 살아가려고 애쓰는 삶입니다.

그런 사람들은 늘 겸손하게 고백하기를 "하나님께서 저를 쓰셨습니다", "하나님께서 저를 통해 일하셨습니다"라고 간증하게 됩니다.

자기 십자가를 지는 것이 바로 사명입니다

그런데 '자기 십자가'는 또 뭡니까? 십자가를 지라니까 무섭기도 하고 에메하기도 하고 그래서 많은 분들이 헷갈려 하는 경우가 많습니다. 적당하게 얼버무려 버리기도 하지요.

또는 십자가를 자신의 여러 가지 고통, 즉 남편이나 아내 또는 자식이 속 썩인다거나, 병든 것 또는 자신을 힘들게 하는 그 어떤 것을 십자가로 생각하고 포기하다시피 하는 삶을 살기도 합니다.

그런가하면 예수님 믿는 사람들 가정이나 사업장에 가보면 십자가 한 두 개 쯤은 잘 보이는 곳에 장식으로 멋있게 걸어놓기도 하잖아요. 또한 목걸이나 귀고리로 달고 다니는 것은 너무도 흔한 일이고, 자동차에도 수호신처럼 십자가를 달고 다니는 일은 일반적인 일이 되어버렸습니다. 어쨌든지 예수님을 믿는 사람으로서 십자가를 가까이 한다는 것은 좋은 일이라고 생각합니다.

저도 십자가를 몇 개 조각해서 선물하기도 하고 집에 장식품으로 놔두기도 했는데, 볼 때마다 새로운 마음이 들기도 합니다.

사실 '십자가를 지기는 좀 그렇고, 지고 가지는 못해도 늘 보이는 곳에 두고 가까이 하기만 하는 것으로도 십자가를 생각하니까 신앙에 좀 도움이 되지 않을까' 하는 마음도 있을 줄 압니다.

그런가하면 간혹 큰 십자가를 만들어서 지고 다니는 사람도 있기는 합니다. 사람 키보다 훨씬 더 큰 십자가를 지고 국토 종단을 한다든지, 아니면 고난 주간에 십자가에 매달리는 퍼포먼스를 하시는 분들도 계십니다. 그렇게 십자가를 지고 가는 동안에 당하는 육체적인 고통과 헌신을 보면서 다시 한 번 예수님의 희생을 생각하게 하는 귀한 일이 아닐 수 없습니다.

그렇다면 예수님이 지라고 하신 십자가는 어떤 십자가일까요?

솔직히 말해서 십자가를 진다는 것 자체가 부담스럽잖아요. 그렇죠? 우리가 보통 쓰는 말에서도 "자네가 십자가를 져야 되겠네" 하면, 그것은 곧 "자네가 희생해야 되겠네" 하는 말과 같은 뜻으로 쓰이는 경우가 많습니다.

그래서 하는 말이지만 하나님께서도 그냥 예수님 잘 믿고 살아라 하시면 오죽 좋겠습니까? 그래도 천국가고 하늘의 상급 받고 축복받으며 살 수 있는데, 굳이 십자가를 지라고 부담을 주시는지 모르겠다고 생각할 수도 있습니다.

사실 예수님이 지신 십자가는 자신을 희생하시고 죽으신 십자가입니다. 그런데 그런 십자가를 우리보고도 지라고 하신 겁니다.

혹자는 생각하기를 예수님 왜 그러세요? 언제는 "수고하고 무거운 짐 진 자들아 다 내게로 오라 내가 너희를 쉬게 하리라"고 하셔놓고는, 이제 와서는 십자가를 지라하시고 이게 뭡니까? 하면서 볼멘소리도 할 수 있을 겁니다.

과연 그럴까요? 예수님이 우리를 몰라도 한참 몰라서 그렇게 무서운 십자가를 지라고하셨을까요?

이쯤해서 머리도 식힐 겸 퀴즈를 하나 풀고 넘어가도록 하겠습니다.

Q. 예수님이 왜 십자가를 지셨습니까?

왜 화를 내시려고 하죠? 아 문제가 너무 쉽다고요.

그렇습니다. 말씀하신대로 우리의 죄를 대속하시기 위해 십자가를 지셨죠. 그렇게 우리를 구원하시기 위해서 십자가에서 죽으시고 예수님이 이 세상에 오신 사명을 감당하신 거죠. 그렇다면 예수님이 지신 십자가는 곧 사명이라는 것을 알 수 있습니다.

예수님께서 우리에게 지라고 하신 십자가는 우리도 예수님처럼 십자가에서 죽으라는 것이 아니고 예수님께서 십자가에서 사명을 감당하신 것처럼 우리의 사명을 감당하라는 것입니다.

십자가의 공식을 정리해 보면 이렇습니다.
* **예수님의 십자가 – 죄인들을 위해서 죽으심으로 죄인들을 구원하심**
– 예수님의 사명
* **우리들의 십자가 – 죄인들을 위해서 전도함으로 죄인들을 구원 함**
– 우리들의 사명
이제는 분명하게 정리가 되셨습니까?

하나님께서는 확실하게 주님을 믿고 구원 받은 주의 자녀에게 이 세상에서 살아가는 목적을 분명히 하시는 것이 바로 사명인 것입니다. 그것이 마태복음 28장 18-20절에서 "너희는 가서 모든 족속으로 제자를 삼으라"는 주님의 지상명령으로 모든 그리스도인들에게 주어진 것입니다.

그래서 누가복음 5장에서도 예수님께서 고기 잡던 베드로를 부르시면서 '이제 후로는 사람을 취하리라'는 사명을 일깨워주십니다.

또한 예수님은 다메섹도상에서 성도들을 핍박하던 사울에게 자신을 나타내시고, 그를 사명자로 부르십니다. 이때 그에게 부여하신 사명에 대해 예수님은 다음과 같이 말씀하셨습니다.

> 이 사람은 내 이름을 이방인과 임금들과 이스라엘 자손들 앞에 전하기 위하여 택한 나의 그릇이라(행 9:15).

이것이 바로 우리들이 져야하는 십자가입니다. 그것은 미션 임파서블이 아닙니다.

구원과 십자가는 예수님이 주신 커플링과 같습니다

우리들이 무엇을 하면서 사느냐는 그다지 중요하지 않습니다. 무슨 일을 하든지 주님께서 주신 사명을 감당하고 사느냐 그렇지 않느냐가 중요할 뿐입니다.

예수님을 잘 믿으면 모두 다 신학교를 가고 목회자가 되어야 하는 것도 아닙니다. 목회자로 사느냐 평신도로 사느냐가 중요한 문제가 아닙니다. 각자에게 맡겨진 사명을 잘 감당하고 사느냐가 중요합니다.

자기가 처한 환경 속에서, 자신이 만나고, 알고 있는 사람들에게 복음을 전하며 사는 것 그것이 바로 자신의 사명을 감당하는 십자가를 지는 것입니다.

십자가에서 죽는게 아니라 이제는 좀 마음이 편해 지셨습니까? 아니라고요? 오히려 더 전도에 대해 부담만 생겼다고요. 그렇다면 정말 다행입니다. 이제야말로 예수님의 제자답게 살아가는 비결을 발견하신 겁니다. 수많은 그리스도인들이 더 나아가 교회에서 중책을 맡은 직분자들도 이 사명을 깨닫지 못하고 평생 훌륭한(?) 교인으로만 살다가 주님께 가시는 분들이 많은데 말입니다.

예수님은 오늘도 '자기 십자가를 지라'고 말씀하십니다. 다시 말해서 우리 각자 각자의 십자가를 지라는 말씀입니다.

우리에게는 다 각각의 십자가가 있습니다. 남들을 보면서 비교하지 마시기 바랍니다. 남들의 사명은 크고 화려하고 멋있게 보이는데 왜 자신은 이런 일만 하고 있는지 모르겠다고 불평하지도 마세요. 지금 하고 있는 그 일이 바로 여러분의 사명입니다. 여러분이 하고 있는 그 일은 다른 사람이 대신 할 수 없는 여러분 고유의 일이고 사명이라는 것을 깨달으시기를 바랍니다.

하나님께서는 바로 그 일을 여러분에게 맡기시기 위하여 여러분을 이 세상에 태어나게 하신 것을 믿으시기 바랍니다. 이 세상에서 내가 주님을 위해 무엇을 하고 살아야 하는가를 발견하는 순간, 즉 나의 사명을 깨닫는 순간부터 나의 삶은 목적을 갖고, 활기차게 살면서 의미있는 삶을 살게 된다는 것입니다.

많은 사람들이 바로 그것을 깨닫고 발견하지 못했기 때문에 방황하고 인생을 허비하고, 무기력하게 살게 되는 것입니다.

충성은 날마다 반복되는 신실함입니다

그러나 이 말씀의 백미는 따로 있습니다. 그것은 자기를 부인하는 것과 제 십자가를 지는 것 사이에 있는 "날마다" 라는 단어가 바로 그것입니다.

뭐든지 꾸준히 하는 것은 참으로 어렵습니다. 그래서 오죽하면 작심삼일이란 말이 나왔을까요. 그런데 작심삼일을 깰 수 있는 유일한 방법을 아십니까? 그것은 아주 간단합니다. 작정하고 일을 실행하다가 삼일 째 되는 날 또다시 작정하고 그렇게 계속 반복하면 된다고 합니다.

좀 싱거운 예기라고 웃어넘기실 분을 위하여 소망을 드리겠습니다.

작심 3일도 7번만 하다보면 그것이 습관이 되어 몸에 밴다고 합니다. 무슨 일이든지 21일 정도만 꾸준히 하면 체질이 바뀐다는 것을 믿고 한번 실천해 보는 것도 손해 볼 일은 아니라는 생각이 듭니다.

하여튼 날마다 제 십자가를 진다는 것은 쉬운 일이 아닙니다. 여기서 많은 사람들의 진가가 나타나게 되고, 본색이 드러나게 됩니다. 그래서 오죽하면 속담에 사람과 생선은 사흘이면 냄새난다고 했을까요. 그만큼 초심을 잃지 않고 변하지 않는다는 것 자체가 어려운 일임을 일깨워주는 말이라고 생각합니다.

누구나 처음에는 불타는 열심으로 시작한 일도 시간이 갈수록 열정이 식어지고 느슨해지는 경우가 많습니다. 심지어는 교회를 나오지도 않고 방학(?)하는 사람들이 있습니다. 또 어떤 사람들은 옥수수 알갱이 빠지듯 드문드문 교회를 나오다 보니 언제 또 빠질지 몰라 불안하기까지 합니다.

과거에 아무리 잘 했어도 현재에 잘 못하면 아무 소용이 없습니다. 또한 오늘 열심을 내서 이것저것 분주하게 잘 해도 곧 있다가 식어버리면 그것도 역시 바람직한 일은 아닙니다. 그리고 지금은 잘하지 못해도 여건이 되면 잘 해보겠노라고 말하는 것도 기약할 수 없는 공수표에 불과할 뿐입니다.

그래서 충성이란 단어를 정의하기를 매일 반복되는 신실함이라고 했으며, 또 다른 사람은 충성이란 맡겨진 일을, 맡겨진 장소에서, 맡겨진 시간에 최선을 다하는 것이라고 하기도 했습니다.

그러고 보면 참으로 충성하기가 쉽지 않죠? 이제 마음을 편하게 가지시고 심호흡을 한번 하신 후에 저를 따라 작심을 해 보시죠.

우선 지난 과거를 잊으세요. 요새는 하도 좋은 단어들이 많이 나와서 그런 표현을 빌리자면 "주께 내려놓으세요." "주께 맡기세요." 아무리 자기가 잘 했든지, 잘못했든지, 좋았든지, 나빴든지 그것을 붙잡고 있으면 앞으로 나아갈 수가 없습니다.

화려했던 과거를 생각하면 초라한 현실에 만족하기 어렵고, 후회스러운 과거를 생각하면 죄책감이 자신을 사로잡게 됩니다. 잘 한일이든, 못한 일이든 모두 다 지나간 일들입니다. 자기 마음대로 할 수 없는 일이 과거입니다.

사도바울도 뒤에 있는 것은 잊어버리고 앞에 있는 것을 잡으려고 푯대를 향하여 달려간다고 빌립보서 3장 13-14절에 고백하고 있습니다.

그리고 이어서 빌립보서 3장 16절을 보세요.

오직 우리가 어디까지 이르렀든지 그대로 행할 것이라(빌 3:16).

두 번째 비결은 바로 현재 있는 위치에서 최선을 다하는 것입니다. 앞으로 다가올 시간들은 얼마든지 자기가 창조적으로 개척할 수 있는 시간입니다. 그것은 인생을 새롭게 살아갈 수 있는 무궁무진한 가능성을 열어두고 있습니다. 어떤 것도 해볼 수 있고, 도전해볼 수 있는 기회가 있다는 것입니다.

어떤 사람이 말하기를 "당신이 살고 있는 지금 이 시간은 어제 죽은 그 사람이 그토록 간절히 살기를 바라던 바로 그 시간이다"라고 했습니다. 이 얼마나 가슴 벅찬 일입니까?

이제 마음잡고 새롭게 출발할 마음이 생기셨습니까? 다시 한 번 잘 살아봐야지 하는 소망이 생기셨나요? 그렇다면 구체적으로 정리를 해 봅시다.

충성이란 단어의 또 다른 표현을 말씀드리면 '맡겨진 일을, 맡겨진 시간에, 맡겨진 장소에 최선을 다하는 것이다'라고도 했습니다.

그렇다면 오늘 당신에게 주어진 일이 무엇입니까? 그 일을 맡은 장소는 어디 입니까? 그 일을 언제 해야 합니까?

맡겨진 시간은 바로 지금이라는 보물입니다. 황금도 좋은 것이고, 소금도 인간에게 없어서는 안 될 소중한 것이지만, 가장 중요한 보물은 금중에 금인 지금이라는 보물입니다.

한 가지 퀴즈를 드리고 마치고자 합니다.

Q. 언제 사무실이나 방의 불(스위치)을 끄죠?

그렇죠! 모든 일을 마치고 나갈 때 스위치를 내리고 불을 끕니다. 우리의 삶도 이와 마찬가지입니다.

우리가 이 세상에서 사명을 다 마치고 나면 주인이 불을 끄듯이 주님께서 우리를 부르시고 우리는 퇴근하듯이 주님께로 가면 되는 것입니다.

그렇습니다. 지금은 바로 하나님께서 나에게 허락하신 생명입니다.

생명이 있는 동안에 최선을 다해 살면서 조금만 더 힘을 내 봅시다.

문구점에 가서 좌절금지 표지를 사서 화장실 휴지걸이 옆에 붙여 놓고, 시장에서 좌절금지 그림이 그려져 있는 양말을 사서 신고 우리 한번 팔짝 뛰어 봅시다.

그 순간 새로운 세상이 보일 겁니다.

전도가 어렵다고요?

하나님 앞과 산 자와 죽은 자를 심판하실 그리스도 예수 앞에서 그의

나타나실 것과 그의 나라를 두고 엄히 명하노니 너는 말씀을 전파하

라 때를 얻든지 못 얻든지 항상 힘쓰라 범사에 오래 참음과 가르침으

로 경책하며 경계하며 권하라(딤후 4:1-2).

전도가 어렵다고요?

대화의 종결자라는 말이 있습니다. 서로 간에 대화를 하다가 그 야말로 요즘 사람들이 흔히 쓰는 말로 돌직구를 날려 버려서 할 말이 없게 만들어버리는 경우가 그런 경우가 아닌가 싶습니다.

오늘 본문이 바로 그런 경우라고 생각합니다.

전도를 해야 된다는 것은 그리스도인들이라면 누구나 다 잘 알고 있는 사실이고, 한 번쯤은 들어 봤을 만한 말이고, 실제로 잘 하지 못해서 마음속에 부담은 가지고 있는 것은 부인할 수 없는 사실입니다.

그런데도 불구하고 때를 얻든지 못 얻든지 전도하라고 말씀하고 있습니다. 한마디로 잔소리 하지 말고 전도하라는 거죠. 전도에 대해서 더 이상 왈가왈부하지 말라는 것입니다.

"이쯤 되면 막가자는 거죠?"라고 어느 분이 말씀하신 것도 생각날 정도입니다.

전도는 아무나 하나요?

그뿐이면 그래도 좀 낫겠는데 이와 같이 돌직구를 날려버리는 성경구절은 성경 곳곳에서 쉽게 찾아 볼 수 있습니다.

예를 들어서 목회자님들이 아주 쉽게(?) 인용하시는 말씀 중에 "강권하여 데려다가 내 집을 채우라"는 말씀도 있습니다(눅 14:23).

목회자님들 입장에서는 쉽게 하시는 말씀이지만 사실 그렇게 전도가 쉽습니까? 우리끼리 털어 놓고 하는 말이지만 강권하면 더 안 옵니다. 이론적으로는 전도할 때 최대한 친절하게 해서 좋은 관계를 맺으라고 하는데, 오히려 성경은 정반대로 강권하여 데려오라니 그것도 참 난감한 일입니다.

그나마 여기서 끝나면 오죽 좋겠습니까? 더 심한 말씀도 있습니다. "듣든지 아니 듣든지 전하라"는 말씀도 있습니다(겔 2:7).

그래도 교회를 좀 다닌다 하시는 분들은 그런 말씀을 한번쯤은 들어 보신 적이 있으시죠? 그때의 심정이 어땠습니까? 듣기는커녕 전도지를 주는 것을 멀리서 보기만 해도 빙 돌아가 버리고, 그래도 쫓아가서 전도지를 줄라치면 영하 20도의 쌀쌀한 목소리로 필요없다고 손사래를 쳐 버리면 그 자리에 서 있을 힘도 없이 나약해지는 것을 얼마나 많이 경험하고 살았습니까?

그럼에도 불구하고 "듣든지 아니 듣든지 전하라"는 말씀을 들으면서 요즘 말로 심장이 내려앉는 소위 '심쿵'하는 충격을 받기 쉽습니다. 그래서 한쪽 귀로 듣고 한쪽 귀로 흘려보낼 수밖에 없는 안타까운 자신을 생각하면서 자포자기 하시는 분들도 많았으리라고 생각이 듭니다.

그런가 하면 전도야 말로 성경에서는 2,000여 년 전에 벌써 국제화가 되었다는 것에 놀라지 않을 수가 없습니다. 무슨 말씀이냐고요?

아니 몰라서 묻습니까? 우리가 너무도 자주 듣고, 귀에 그렇게 딱지가 앉도록 들었는데도 아직도 감이 안 오세요?

"너희는 가서 모든 족속으로 제자를 삼으라"고 하시잖아요.

아하! 그러시면서 이제야 동감하세요. 우리나라 말로도 제대로 전도하지 못하는데 모든 족속에게로 가라고 하시니 그야말로 설상가상입니다.

"너희는 온 천하에 다니며 만민에게 복음을 전하라"는 말씀도 똑같은 말씀이잖아요.

그래도 그런 말씀을 들을 때는 오히려 맘이 편합니다.

왜냐고요? 허 참 아직도 그렇게 눈치가 없으셔서 어떻게 합니까? 아무한테도 말씀하지 않으시겠다고 약속하시면 제가 알려드리겠습니다. 약속하시나요? 그럼 잘 들으세요.

"너희는 가서 모든 족속으로 제자를 삼으라."

"너희는 온 천하에 다니며 만민에게 복음을 전하라."

이런 말씀에 어울리는 분들이 계시잖아요. 누구냐고요? 어느 교회든지 주보에 한 두 분쯤은 ㅣ나오시잖아요? 에이 참 이제야 감이 오시나요? 선교사님들이요.

아하! 그렇구나 하고 무릎을 치시면서 좋아하시는 분들도 계시네요.

'왜 내가 진작 이렇게 깊은 뜻을 모르고 마음에 부담을 가지고 있었을까?' 하면서 가슴을 쓸어내리시는 분들이 계시나요? 그동안에 성경을 읽으면서, 또는 목회자님들이 말씀하실 때마다 '나는 아니야, 나는 선교사가 될 수 없어' 하면서 가슴속에 요동치는 갈등을 잠재우시느라 얼마나 많은 고생을 하셨어요. 너무도 충분히 이해가 됩니다.

이제부터는 이렇게 국제적인 말씀들은 국제적으로 나가시는 선교사님들에나 해당되니까 차라리 맘 편하게 들으시면 되는 겁니다.

이토록 선교사님들이 고맙게 생각된 적이 없으시죠? 그전에는 선교비를 내야 하니까 부담이 되기도 했는데 이제 이 말씀을 들으시니까 선교비라도 잘 내야 하겠다는 생각이 드신다면 정말 다행입니다.

그런데 설마 정말로 그렇게 믿으시는 건 아니시죠? 아! 이미 다 알고 계시다고요? 저도 여러분이 전도가 마음에 부담이 되실까봐 조금 위로해 드리려고 한 말인데 너무 기뻐하시는 것 같아서 걱정이 되기도 했습니다만 조금은 안심이네요.

그렇듯이 정말 전도는 대단한 강심장이 아니면 감히 실천할 수 없는 그리스도인의 최대의 난제가 아닌가 하는 생각이 들 정도입니다.

그래서 일찌감치 전도는 포기하고 교회 봉사나 다른 일에 눈 돌려서 충성하는 것으로 나가는 눈치 빠른 분들이 너무도 많은 것도 부인할 수 없는 사실입니다.

어떤 면에서 보면 차라리 그것이 맘 편하고, 인정(?) 받고, 믿음 좋은 성도로 부각되는 지름길이라는 생각도 듭니다. 그렇게 쭉 나가면 머지않아 평탄하게 직분 받고 교회 내의 높은 자리로 승진(?)하게 되는 기쁨도 누리게 될테니까 말이죠.

그런데 그게 그렇게 맘 편한 일은 아니죠. 늘 마음 한쪽 구석에서는 전도에 대한 부담이 있습니다. 거기다 년 초나 총동원 전도 때나 꼭 일 년에 한 두 번씩은 전도에 대해서 무지 강조하는 때가 있는데, 그럴 때는 꼭 지명수배를 받고 쫓기는 범죄자의 심정이 되어서 쥐구멍이라도 있으면 들어가고 싶어지는 것이 어쩔 수 없는 현실입니다.

그런데 한 술 더 떠서 이런 사람들이 있습니다.

나는 전도를 위해서 태어났다느니, 전도는 쉽다느니 하는 분들입니다. 도대체 그런 사람들은 무슨 훈련을 받았기에 그렇게 전도를 잘하나 싶고, 어떻게 보면 좀 제정신이 아닌 것 같기도 한 것이 상대하기도 좀 부담스럽다고 생각이 될 정도입니다.

그렇죠? 솔직하게 말해보세요. 동감하시죠?

정말 맨정신(?)으로 멀쩡하게 차려입고 어떻게 지하철에서 예수 믿으라고 말하고 디닙니까? 보통 강심장이 아니고서는 상상도 할 수 없는 일입니다. 거기다 사람들이 가만히 듣고만 있습니까? 눈을 부라리며 뭐라 하는 사람이라도 있을라 치면 우리 같은 사람은 심장이 오그라들어서 감히 찍소리도 못할 텐데 그런 것은 아랑곳하지 않고 잘만 합디다. 정말 대단하시다는 생각밖에 안 듭니다.

그래서 전도는 은사다라는 말이 나왔는지도 모르겠습니다마는 분명한 것은 은사의 종류에 전도는 없는 것입니다.

좋다 말았나요? 저도 그렇게 생각합니다. 조금은 위안이 되시죠?

전도는 하면 반드시 됩니다

그래도 '설마 전도에 대해서 그렇게 포기하고 살라고 하시는 건 아니죠?' 하고 반문하시고 싶으신 분들을 위해서 소망을 드리도록 하겠습니다.

그러나 아쉽게도 전도에는 왕도가 없습니다마는 한걸음 한걸음 꾸준히 전도하시다 보면 하나님의 인도하심을 체험하게 되고 전도 현장에서 주님께로 돌아오는 영혼들을 만나는 기쁨을 누리시게 될 것입니다.

정주영씨가 생전에 잘 쓰시던 문장이 생각납니다.

"니들이 하기는 해봤어?"

참으로 명언입니다. 송내역 사거리 현대 오일뱅크 주유소에는 '길을 찾아라 아니면 만들어라'는 문구는 볼 때마다 은혜 받고(?) 가슴을 설레게 합니다.

그 뿐이 아닙니다. 정주영 회장님과 롯데 신격호 회장님이 골프를 치러 갔습니다. 필드에 눈이 내려서 골프공이 보이지 않아 난감해 할 때 정주영 회장님이 한 말이 있습니다.

"골프공에 빨간 색을 칠하면 되잖아!"

하얀 눈밭에 빨간 공, 생각만 해도 기상천외한 일입니다.

(기상천외[奇想天外] – 보통 사람으로는 짐작도 할 수 없을 만큼 생각이 기발하고 엉뚱함 / 출처 네이버 사전 참조)

그렇게 긍정적인 마음속에서 나오는 창조적인 아이디어가 넘쳐났기에 정주영 회장님은 국가 경제를 좌우할 정도의 대기업을 이루었던 것을 부인할 수 없습니다.

다음 몇 가지 전도에 대해 도움이 되는 노하우(?)를 전해 드리도록 하겠습니다. 보약을 드시는 심정으로 한 가지 한 가지 실천하시다 보면 어느새 몸과 마음이 전도 체질로 변화되어 있을 겁니다.

1. 웃어야 이깁니다

웃으면 복이 온다는 말도 있습니다. 제가 또 한 가지 명언(?)을 알려 드리겠습니다.

"웃어서 안 예쁜 사람 없고, 찡그려서 안 미운 사람 없다."

공감하시죠? 제 말이 맞나 틀리나 지금 거울을 보시고 활짝 한번 웃어 보세요. 예전엔 미처 발견하지 못했던 아름다운 자신만의 얼굴을 바라볼 수 있을 겁니다.

이왕에 웃으실 때에는 아래 위 치아가 다 드러나도록 웃으시는게 좋습니다. 이렇게 웃으시면 눈가와 얼굴에 잔주름이 생기는 부작용(?)이 있는데, 웃을 때 우리 몸에 생기는 엔돌핀이 그것과는 비교할 수 없는 활력을 줍니다. 그리고 웃어서 생기는 주름은 보기에도 좋다고 하잖아요. 그렇죠?

웃음은 세계 공통 언어입니다. 웃음은 남녀노소, 지위고하, 빈부귀천을 막론하고, 언제 어디서나 아름다운 마음을 나타낼 수 있는 가장 귀한 최고의 언어입니다.

또한 웃는 것이 얼마나 중요한지 전도 현장에 나가보면 잘 알 수 있습니다. 권사님들이나 집사님들께서 저에게 말씀하시기를 "목사님은 어쩜 그렇게 전도를 잘 하세요? 전도의 비결이 뭐예요?"하고 물으시곤 합니다.

그때마다 저는 그 분들께 되묻습니다.

"권사님이나 집사님께서는 어떻게 전도하세요?"

그러고는 같이 전도를 나가 봅니다. 그 분들은 사람들이 저기 있으면 대게 다 여기서부터 마음의 준비를 하고 경직(?)된 얼굴로 긴장감을 가지고 다가가서 "안녕하세요? 우리는 ○○○교회에서 왔습니다"하면서 말을 겁니다.

그러다가 그 분이 조금만 냉정한 반응을 보이면 금방 얼어 버립니다. 그래서는 전도를 잘 할 수가 없습니다.

전도는 치열한 영적 싸움입니다. 먼저 상대방을 제압하지 못하면 전도는 말도 못 꺼내고 실패하고 맙니다. 그렇게 전도에 실패하지 않으려면 담대해야 합니다.

전도의 현장에서 담대하게 전도하려면 가장 먼저 웃으면서 자신감을 갖고 상대방에게 다가가야 합니다. 그것이 전도의 최우선적인 일입니다.

굳은 얼굴은 굳은 마음을 나타냅니다. 마음이 굳어있고, 얼굴이 굳어 있어서는 자연스럽게 전도하기가 어렵습니다. 또한 상대방이 보기에도 좋지 않습니다. 자신감도 잃어버립니다. 또한 상대방의 반응에 유연하게 대처하기도 어렵습니다.

자신 있게 전도하기 위해서는 우선 전도대상자를 보면 밥으로 봐야 합니다. 밥을 보니 얼마나 좋습니까? 성경에도 하나님이 없는 이방사람들을 밥이라고 하지 않았습니까?

> 오직 여호와를 거역하지 말라 또 그 땅 백성을 두려워하지 말라 그들은 우리 밥이라 그들의 보호자는 그들에게서 떠났고 여호와는 우리와 함께 하시느니라 그들을 두려워 말라(민 14:9).

밥을 먹는다는 기쁨으로 전도해야 합니다. 그러면 쉽습니다. 두려움이 사라집니다. 주님께서 주시는 담대함이 생깁니다. 전도자를 위축시키는 온갖 냉대와 반대를 이기게 됩니다. 이것이 전도자의 가장 큰 무기입니다. 그것은 웃는 얼굴과 마음에서 출발합니다.

웃음은 여러 가지로 전도자에게 유익을 줍니다.

＊웃으면 인상이 좋게 보입니다.

＊웃으면 우선 상대방의 마음을 열게 합니다.

＊웃으면서 전도하면 분위기를 주도하게 됩니다.

＊웃으면서 전도하면 자신감이 생깁니다.

＊웃으면서 전도하면 억양이 부드러워 집니다.

＊웃으면서 전도하면 기쁨이 넘칩니다.

＊웃으면서 전도하면 피곤한 줄 모릅니다.

그뿐만이 아닙니다. 웃으면서 전도해야 할 중요한 이유가 또 있습니다. 우선 퀴즈를 푸시면서 한번 웃어도 보시기 바랍니다.

Q. 모르는 사람을 아는 사람으로 만드는 가장 좋은 방법은 무엇입니까?

－ 사탕을 주면서 아는 체 한다.

－ 전도지를 주면서 공손하게 인사를 한다.

－ 차 전도 할 때는 차를 한 잔 드리면서 말을 건다.

위의 방법 외에도 여러 가지 방법이 있겠죠? 네! 좋습니다. 하여튼 우리는 전도할 때 대부분 모르는 사람에게 복음을 전하게 됩니다. 그럴 때 가장 먼저 해야 할 일은 바로 이것입니다.

'활짝 웃으면서 상냥하게 인사하는 것'입니다.

이것이 바로 전도의 시작입니다. 이것이 꽉 막힌 전도의 문을 여는 열쇠입니다. 전도의 분위기를 확 바꾸는 능력이 나타납니다. 상대방을 사로잡는 능력이 나타납니다.

오늘 부터라도 거울을 보면서 웃는 연습을 해 보세요. 전도에 자신감이 생기고, 가정의 분위기가 바뀌고, 교회의 분위기가 바뀌고 삶이 변화되고 어느새 능력 있는 전도자로 살아가는 자신을 발견하게 됩니다.

활짝 웃는 모습으로 지금 셀카라도 한번 찍어보세요. 진짜 삶이 변화된다니까요. 자 어서 한번 찍어 보세요. 웃는 모습이 마음에 드실 때까지 몇 번이라도 찍어 보세요.

그러는 동안 어느새 웃고 있는 당신의 모습에 인생의 새로운 활기를 느끼실 것입니다.

2. 전도를 많이 하면 달인이 됩니다

전도를 잘 하기 위해서 TV를 한번 보시기를 권해드립니다. 전도 예기 하다말고 갑자기 무슨 TV를 보라고 하느냐며 정색을 하시는 분들을 위해 전도에 좋은 프로그램을 하나 소개하겠습니다. 바로

'생활의 달인'이라는 프로그램입니다.

'생활의 달인'이라는 프로그램을 보시면 전도에 대해 정신이 번쩍 드실 겁니다. 왜냐고요? '생활의 달인'에 나오는 분들의 공통점을 보세요. 얼마나 많은 노력을 합니까? 그야말로 밤낮을 가리지 않고 노력에 노력을 한 결과로 그렇게 잘 하게 된 것입니다.

우리는 흔히 성공한 사람들의 화려한 현실만 봅니다. 그래서 그들이 겪은 과정은 무시하고 결과만 보고 판단하는 오류를 범하게 되는 것입니다.

전도를 많이 안 해보고 절대로 전도를 잘할 수는 없습니다. 누구나 처음에는 무슨 일이든지 잘 하지 못합니다. 그러나 한번 해보고 두 번 해보면 또 다르고 세 번째는 더 잘 할 수 있습니다.

이것은 마치 애기가 걸음마하는 것과 같습니다. 애기가 처음부터 뛰는 애는 없습니다. 걷다 넘어지다 걷다 넘어지다를 반복하다가 겨우 잘 걷게 되고 나중에는 뛰기도 하고 그렇게 되잖아요.

정 자신이 없으면 처음에는 전도대 뒤에서 사람들에게 전도지만 줘 보세요. 예수님 믿으라고 말하지 않아도 됩니다. 그렇게 담력을 키우세요. 쉽게 말씀드리자면 전도에 적응훈련을 하세요. 그리고 조금씩 말을 걸어 보시고, 복음도 전하다 보면 어느새 얼굴이 두꺼워지는(?) 자신을 발견하게 됩니다. 그때가 바로 전도의 달인이 되어가는 순간입니다.

그런데 또 다른 숨은 비결은 전도를 정기적으로 하셔야 합니다.

했다가 안했다가 하면 전도에 적응이 잘 안됩니다. 건강을 위해서 먹는 약도 먹었다 안 먹었다 하시면 약효가 없듯이 전도 역시 마찬가지입니다. 어쩌다 전도하시면 어찌 잘 할 수가 있겠습니까?

많은 시간이 아니더라도 꾸준히 하세요. 매일 하시면 더욱 더 좋고요. 운동도 매일 하는 것과 그렇지 않은 것과 다르잖아요. 최소한 일주일에 몇 번 정도는 하셔야 전도가 체질화됩니다.

그런데 직장에 다녀서 시간이 없다고요? 어쩌나요? 직장을 안 다닐 수도 없고 참 난감하네요. 그런데 한 가지 여쭙겠습니다. 솔직하게 대답해 보세요.

Q. 진짜 전도할 마음이 있습니까?

순간 갈등이 되셨나요? 아니면 마음을 들켜 버리셨나요? 전도하시고 싶으신 마음이 있다면 얼마든지 전도할 수 있습니다. 모든 일의 문제는 마음에 있습니다. 즉 마음먹기에 달려 있다 이 말씀입니다.

부천의 중고물품을 파는 업체에 가면 가훈처럼 걸어놓은 액자 하나가 눈에 들어옵니다. 거기에는 '하려고 하는 사람은 방법을 찾고, 게으른 자는 핑계를 찾는다'는 말입니다. 정말 성경말씀 다음으로 멋진 구호라고 생각합니다.

직장 다니셔서 전도 할 시간이 없다면 점심시간은 어떻습니까?

퇴근하고는 시간이 없나요? 그렇게 사람들과 만남 약속을 하시고 식사를 하시거나 차를 마시면서 조용한 시간을 내신다면 얼마든지 좋은 관계를 유지하면서도 전도 할 수 있습니다.

사람들에게 전도지를 나눠주시든지, 아니면 4영리를 읽어 주시든지 단 십분이라도 시간을 내신다면 얼마든지 전도할 수 있습니다.

또한 자신 주위에 얼마나 많은 사람이 있습니까? 그렇게 전도의 끈을 놓지 않고 있다면 하나님께서는 얼마든지 사람들에게 복음을 전할 수 있도록 기회를 주실 것입니다.

이것이 바로 "때를 얻든지 못 얻든지 전도하라"는 말씀의 핵심입니다.

아예 전도에 대해서 신경을 끄거나 포기하고 살면, 어쩌다 전도의 좋은 기회가 와도 그것이 전도의 좋은 기회인지 아닌지도 모르고 그냥 살아가게 됩니다.

그러다 보면 전도와 나는 건널 수 없는 강을 건넌 사이처럼, 가까이 하기에는 너무도 먼 당신처럼 되어 버리고 말게 됩니다.

시간이 없다는 것은 핑계에 불과 합니다. 사람들은 자기에게 정말 중요하고 긴급한 일이 생기면 시간은 얼마든지 낼 수 있습니다.

전도 역시 이와 마찬가지입니다. 전도를 정말 중요하고 긴급하게 해야 할 주의 일이라고 생각한다면 설령 주일이라도 시간을 내어서 전도하는 열정을 보일 수 있을 것입니다.

전도를 위해서 특별히 훈련 받지 않으신 분들도 낙심하지 마세요. 전도를 많이 하다 보면 자기만의 노하우 즉 자기만의 전매특허 같은 방법이 생깁니다. 바로 그것이 전도의 성공비결입니다.

남들이 잘 하는 방법이라고 자기도 그 방법으로 잘하게 되는게 아닙니다. 그것은 어디까지나 그 분들의 것이고 자기는 자기만의 기질과 방법이 있기 때문에 그렇습니다.

그런 자기만의 독특한 전도 방법을 깨닫게 되기까지 수 없이 많이 전도해봐야 비로소 맘 놓고 척척 전도하게 되는 자신감을 얻게 됩니다.

3. 실패는 누구나 다 하는 겁니다

전 국제대학생선교회 총재였던 빌 브라이트(Bill Bright) 박사님은 "전도에 있어서의 실패는 바로 전도하지 않는 것이다"라고 하셨습니다.

그렇습니다. 전도에 실패는 없습니다. 다만 전도할 때 사람들이 거절하고 복음을 잘 전할 수 없는 상황들을 사람들은 실패라고 말할 뿐입니다.

그런 면에서 누구나 실패합니다. 언제든지 실패할 수 있습니다. 실패가 자신감을 빼앗아 가지 않도록 단단히 마음먹지 않으면 단번에 넘어집니다. 전도하다보면 사람들에게 거절당하는 것은 일상다반사입니다.

그뿐이 아닙니다. 때때로 욕도 먹고, 무시당하는 것은 물론이고 심지어는 뺨도 맞을 수 있다는 것을 염두에 두셔야 합니다.

그런걸 생각하면 전도에 정이 싹 떨어진다고요? 아울러 전도할 맘도 뚝 떨어지고요? 그런데 어쩌겠어요. 그게 현실인데, 그렇다고 전도를 안 할 수도 없고 방법이 없네요.

그런데 전도하면 수고한다고 가끔은 박카스 사 주시는 분들도 있으니까 너무 염려하지는 마세요. 설마 전도하다가 죽기야 하겠습니까? 뭐라고요? 전도하다가 죽는거 못 봤냐고요? 그거야 딴 나라에서 전도할 때 예기죠. 우리나라에서는 괜찮다 그거죠. 뭐 그렇게 민감하게 그러세요.

아무리 전도를 잘하는 전도왕도 여전히 실패합니다. 아무리 전도를 많이 해 본 분들이나 전도를 가르치는 훈련간사나 목회자님들도 전도하러 나가면 여전히 거절당하고 무시당하고 욕먹고 그렇습니다.

누구나 똑 같습니다. 그런걸 생각하시면서 위안을 삼으시고, 참고 전도하시다 보면 전도를 조금씩 잘 할 수 있게 되고 전도의 열매도 거두게 됩니다.

전도가 어디 하루아침에 됩니까? 그렇게 전도가 잘 될 것 같으면 왜 성경에 그렇게 "강권하여 데려와라", "듣든지 안 듣든지 전하라"고 하셨을까요?

자! 그럼 이쯤해서 흥분된 마음도 가라앉히시고, 퀴즈도 푸시고 머리도 식혀가면서 생각을 정리해 보도록 하겠습니다.

Q. 사과나 배나 복숭아 등의 과일을 언제, 어떤 것들을 수확합니까?

Q. 농부가 잘 익은 과일만을 수확하는 이유는 무엇입니까?

Q. 그렇다면 과일을 익게 하시는 분은 누구십니까?

농사를 안 지어봐서 모르겠다고요? 과수원에 한 번도 안 가봐서 모르겠다고요? 에이 참 그래도 상식적으로 생각해 보시면 알잖아요.

그렇죠! 과일은 제철에 익은 것을 수확하지요. 그 이유는 맛있고, 영양가 높고, 상품성 있으며, 색깔도 좋으니까 그렇죠.

그리고 그렇게 농부는 과수원을 관리는 하지만 과일을 익게 하시는 분은 따로 있죠? 누구시죠? 그래요 바로 하나님께서 과일을 익게 하시잖아요.

전도 역시 이와 같습니다. 복음을 전했는데 듣고 예수님을 믿으면 때가 돼서 익은 겁니다. 그런데 전도해서 안 믿으면 아직 때가 안 된 겁니다. 그것은 전도의 실패가 아닙니다. 익지 않은 열매를 억지로 따려고 하는 어리석은 농부는 없습니다. 더구나 익지 않은 열매를 따지 못했다고 애석해 하거나 낙심하는 농부도 없을 겁니다.

아직 안 익었으면 농부는 낙심하지 않고 부지런히 거름을 더 주거나 가꾸면 되는 것입니다. 농부가 할 일은 그것뿐입니다.

전도해서 믿는 것도 하나님께서 하시는 일이요. 믿지 않는 것도 아직은 하나님의 때가 아니라서 그런 것입니다. 낙심할 필요가 없습니다.

한편으로는 믿었다고, 많은 열매를 거두었다고 교만할 이유도 없습니다. 모두가 하나님께서 하신 것임을 알고 하나님께 영광을 돌리면 됩니다.

아무리 유능한 전도자도 어떤 사람은 복음을 전한지 얼마 되지도 않았는데 예수님을 믿는가하면 또 어떤 사람은 그렇게 애를 먹이고 전도자를 수년 동안이나 어렵게 하는 경우도 있습니다.

그것은 다 전도자의 능력이 아니라 하나님의 역사하심에 따라 전도가 이루어진다고 하는 것을 단적으로 보여주는 것입니다.

전도에 있어서의 실패를 두려워하지 마세요.

오늘 하다가 안 되면 내일 또 하면 되지요. 뭐 그렇게 걱정을 하세요. 아직 때가 안 되었나 보다 하고 좀 더 기도하면 되지요. 사람인지라 조금은 마음이 상하시겠지요. 때론 눈물도 나고요. 그래서 주님이 더 사랑하실 거예요.

4. 마지막으로는 전도는 제 정신으로는 하는게 아닙니다

그렇죠. 절대 제정신으로는 못하는 것이 전도입니다. 사람은 누구나 대접 받고 싶지 무시당하며 살고 싶어 하지 않습니다. 쌩뚱맞게 처음 보는 사람에게 다가가서 말을 건다는 것이 그리 쉬운 일은 아니잖아요? 보통 강심장이 아니고서는 쉽게 할 수 있는 일은 아니죠.

더구나 전도하다 거절당하고 나면 더 이상 전도의 의욕이 나지도 않는데 어떻게 전도를 이어가죠? 거기다 내성적인 분들 중에서는 이성에게는 말도 못 붙이는 사람이 너무도 많습니다. 전도지를 주려고 하면 쳐다보지도 않고 스쳐 지나치는 사람들을 보면서 말할 수 없는 무안함을 느끼고 그 자리에서 그냥 얼어버립니다.

세상 사람들처럼 술이라도 먹는다면 술김에라도 말을 하겠지만 예수님 믿는 우리들은 그럴 수도 없고 참으로 어려운게 사실입니다.

술예기가 나왔으니 생각나는 성경구절이 있습니다.

> 술 취하지 말라 이는 방탕한 것이니 오직 성령의 충만을 받으라(엡 5:18).

사람이 술에 취하면 술에 지배를 받게 됩니다.

혹시 술 잡숴 보셨습니까?

뜨끔하셨나요? 설마 교회 다니시면서 아직도 술 잡수고 계시지는 않겠지요? 아하! 끊으신지 오래 되셨다고요? 잘 하셨어요.

술 잡수시면 우리 몸을 성전 삼고 계신 하나님께서 기뻐하지 않으십니다. 우리가 주(主)님을 모시고 살아야지 주(酒)님을 모시고 살면 안 되잖아요.

하여튼 술을 마시게 되면 필름이 끊어진다고 하나 뭐 그렇게 정신이 없어서 자기 몸을 자기가 마음대로 못하고 술에 취해서 사는 것이 술에 지배를 받는 것입니다.

이와 같이 성령이 충만하다는 것은 성령의 지배를 받는 것을 의미합니다. 성령의 지배를 받는 삶은 자기 뜻대로 사는 것이 아니라 하나님의 뜻에 따라 살아가게 됩니다. 모든 일을 기도하면서 결정하게 됩니다. 성령 충만하면 하나님께서 주시는 새로운 능력과 용기를 얻게 됩니다. 자신을 의지하는 것이 아니라 하나님을 의지하게 됩니다.

그래서 성령 충만하면 제정신으로는 할 수 없는 전도도 하나님의 능력으로 할 수 있게 됩니다. 죽음도 두렵지 않게 됩니다. 어떠한 고난이 와도 넘어지지 않습니다. 인간적으로는 포기하고 낙심하고 좌절할 수밖에 없는 상황에서도 하나님을 의지함으로 담대히 증거할 수 있습니다.

그렇게 성령 충만하여 복음을 전한 사람들의 생생한 간증이 사도행전에 기록되어 있습니다.

과연 헤롯과 본디오 빌라도는 이방인과 이스라엘 백성과 합동하여 하나님의 기름부으신 거룩한 종 예수를 거스려 하나님의 권능과 뜻대로 이루려고 예정하신 그것을 행하려고 이 성에 모였나이다 주여 이제도 저희의 위협함을 하감하옵시고 또 종들로 하여금 담대히 하나님의 말씀을 전하게 하여 주옵시며 손을 내밀어 병을 낫게 하옵시고 표적과 기사가 거룩한 종 예수의 이름으로 이루어지게 하옵소서

하더라 빌기를 다하매 모인 곳이 진동하더니 무리가 다 성령이 충만

하여 담대히 하나님의 말씀을 전하니라(행 4:27-31).

초대교회 사람들은 성령이 충만하여 전도할 때 죽음을 두려워하

지 않게 되었습니다. 예수님을 잡아 죽인 공회원들이 사도들을 잡

아다가 위협하며 윽박지르는 가운데서도 전혀 기죽지 않고 당당합

니다.

그들을 불러 경계하여 도무지 예수의 이름으로 말하지도 말고 가르

치지도 말라 하니 베드로와 요한이 대답하여 가로되 하나님 앞에서

너희 말 듣는 것이 하나님 말씀 듣는 것보다 옳은가 판단하라 우리는

보고 들은 것을 말하지 아니할 수 없다 하니(행 4:18-20).

성령의 충만을 받기 전에는 상상할 수 없는 일이었습니다. 성령

의 충만을 받기 전에는 유대인들이 무서워서 문들을 걸어 잠그고 두

려워 떨었던 사람들이었습니다.

그런데 성령 충만하면 이렇게 죽기 살기로 전도하게 됩니다. 전

도하지 말라고 해도 저절로 하게 됩니다. 누가 시켜서 억지로 하는

것이 아닙니다. 마지못해 하는 것이 아니라 기쁨으로 하게 됩니다.

전도가 어렵습니까? 아니면 전도에 자신이 없습니까? 전도하기

가 두렵습니까? 지금 한번 자신을 진단해 보세요.

Q. 지금 성령으로 충만하십니까?

그렇지 않다면 성령 충만을 받아야 합니다. 그렇지 않고서는 전도를 잘 할 수 없습니다.

저도 진짜 해도 해도 전도가 안 될 때 아파트 중간 계단에 서서 기도하고 다시 전도를 시작했을 때 아파트 문들이 열리고 전도가 되는 경험들을 많이 했었습니다. 그래서 매 순간 전도할 때마다 기도로 하나님께 나아가며 성령의 충만함을 받아야 하는 이유가 거기에 있습니다.

전도는 내 힘으로 하는 것이 아닙니다. 내 능력으로 하는 것도 아닙니다. 전도는 영적인 싸움이기 때문에 주께서 하실 수 있도록 주님께 맡겨야 합니다. 그것이 기도입니다.

나는 전도의 도구일 뿐입니다. 하나님께서 나를 통해 일하실 수 있도록 나를 주님께 내 드려야 하는 것입니다. 나를 하나님의 나팔로 써 달라고 겸손히 기도해야 합니다.

그때 하나님의 역사가 나를 통해 사역의 현장에서 나타납니다. 사역의 열매를 맺기 시작합니다.

하나님을 찬미하며 또 온 백성에게 칭송을 받으니 주께서 구원 받는 사람을 날마다 더하게 하시니라(행 2:47).

성령 충만 하심으로 주께서 구원 받는 사람을 날마다 더하게 하시는 하나님의 역사하심을 체험하시는 기쁨이 우리들의 교회와 가정과 삶 속에 넘쳐나는 그 때를 기대합니다.

그래서 "민족의 가슴속에 피묻은 그리스도를 심어 이 땅에 푸르고 푸른 그리스도의 계절이 오게 하자"는 민족복음화의 꿈이 이루어지는 그날을 바라보면서 오늘도 불신자들을 만나면 한 마디 해봅시다.

"교회 다니십니까?"

"예수 믿으십니까?"

"4영리에 대하여 들어 보셨습니까?"